U0002809

打造超造

學習駭客 **xdite** 鄭伊廷 / 著

超人思維

智商如何從 **100** 提升到 **1000**

# 怪咖開箱人生演算法

楊斯棓

xdite 的粉和黑一樣多。你若說黑比粉多，也許你對，但她的粉和黑一定有個共識：xdite 不折不扣是一個怪咖。

公開場合，人們習慣迅速精要的自我介紹：

「你好，我曾是一位物理治療師，現在是一位簡報講師，廣為人知的是懶人包系列課程。」

喔，物理治療師、簡報講師。人們快速在腦中幫這名男子加上兩枚標籤以識別！

「你好，我是英語自學王，針對一般學員有提供線上課程，企業內訓也是我的主戰場。」

喔，專擅英文、企業講師，也是兩個讓人得以清楚歸類辨認的標籤。

反過來說，對簡報心理學、投影片設計跟字體美學鑽研甚

深的雨狗，他的醫師學生分屬哪一科，他的工程師學生在哪間公司任職，他也據此分門別類記憶，得以給予更貼切，更符合科別調性、產業屬性的簡報建議。

但 xdite 是一個無法歸類的人。

她信筆一揮談幸運，談的暢快淋漓。直指人們總認為幸運遙不可及，卻又認為不幸可以歸因。那反過來做，不就可以獲得幸運？

她愛吃，也懂吃。

有一次看她分享一篇臉書文，我突然發現我跟她的最大差別在哪。

那篇臉書文，題目可以視為「為什麼我一直去吃愛飯團」（她沒訂題目，是我揣摩的）。

愛飯團是一個需要付年費（或購物達一定金額）得以跟團吃飯的 group，出團從台灣到世界各國（日本、中國、義大利都有），我有幸也跟過一團東京米其林團，我非常喜歡胡家雯小姐的說菜跟帶領，單單校正了自己過往吃飯駝背狼狽的姿勢，就值回票價。

xdite 把愛飯團的運作邏輯、商業引擎寫得更清楚，結果

《遇見一杯好咖啡》的作者，也是愛飯團團長許心怡留言：「你懂我，也懂愛飯團的價值呀。」

此時的 xdite，約莫吃了 50 到 70 顆星星，就有本事寫出一段愛飯團運作邏輯，讓團長折服，她辨析歸納的功力，可見一斑。

我吃了超過她三倍數量的星星，跟愛飯團大概跟了二十顆，我完全同意能人說菜、有人說菜、沒人說菜、有人虎卵（俗做唬爛）對一餐飯的體驗差別有多大，而我腦中還在統整愛飯團帶領米其林之旅的門道時，xdite 已經歸納出來昭告臉友，還獲得團長蓋章認證。

我才不及卿，乃覺一百星。

她愛讀書，也懂得用盡各種動詞對待書。

特別愛書的人都會有自己的讀書癖好，像我特別反對把書出借這件事。

我不是吝嗇的人，如果機緣到，我送你書，送你一整套李魁賢翻譯的世界詩人全集都沒問題，但我才不要借你。

我手上任何一本書如果值得出借，那裡面一定有我的眉批筆記，我才不要讓人輕易看到。

你手上若有一本借來的書，你想做筆記，那怎麼辦？

一、Oh！不，那是別人的書，所以我只能任隨想法飄逝，我不能做筆記。

二、管他的，借我算你倒霉，我筆記就先給記下了，再給你說聲對不起便罷。

這兩種情境，對我來說都說不通。

我早年甚至拒買二手書，因為怕人挖鼻孔或如廁後沒衛生紙糟蹋了書，怕因此髒了一整櫃的書，怕白蟻，怕塵埃，怕蠹魚，怕怕怕。

相較之下，對於書，xdite 沒這麼多內心小劇場。

她拆書、炊書，樂此不疲。

如果想要加快一倍炊書速度怎麼辦？請一個人。

如果想要加快兩倍炊書速度怎麼辦？那就請兩個人。

炊了原文書之後，她繼續研究一種又一種的方法，一次比一次快的翻譯成繁中版。

有的人敏感，誤以為再往下走一步，幾乎就要侵權觸法了。非也，她炊書僅當自己的資料庫使用爾爾，她也經常鼓勵

別人買書。

研究拆書到極致後，她回過頭研究如何快速寫成一本書。

我當然不會持論所有的書籍都可以用這套方法快速寫出一本書，但三成以上的書，若用她的方法，我相信能縮短一半以上的「製程」。

這一套快速的「製程」，見諸她上一本大作《打造超人大腦》。

這套快速製程我舉楊田林老師為例以試著簡述：

楊田林老師曾在台積電、特力屋等企業任教多時，教學經驗豐富，單單一百人以上的講座，楊老師就有諸多心得，如果楊老師想要寫一本名為《百人講座，如何辦的叫好又叫座》，照傳統的方法，非得發想醞釀切磋琢磨幾個月，讓編輯收齊稿子，才能進行下一步。

但 xdite 的厲害在於，楊老師若嘗試她的方法，絕對可以大幅度縮短書的製程。

楊老師只需要和他群組內的學生約定一個小時齊聚一堂，請每個人提出一到三個自己若受邀擔綱百人講座的講者，最擔心什麼問題？如果已有受邀經驗，覺得哪個痛點最痛，爽點最

爽，用一張便利貼寫下，然後拍照，用圖檔留言。

依此可以很輕鬆的募集上百張便利貼，扣掉重複內容、字醜難辨的之後，將剩下的所有問題分門別類，以類相從。

接著拿出一支錄音筆，一題一題讓楊老師回答闡述。

下一步，錄音筆轉文字檔。

再下一步，把文字檔順過一次。這時，檔案已經可以交給編輯了。

這個流程之所以能一步一步順利走下去有個前提，因為楊老師對百人講座知之甚詳，還有大量上台經驗，因此楊老師所言信而有徵，講起來也輕鬆愉快。

若有作者對寫類似主題也有興趣，但沒有相對應的豐富實戰經驗，錄音時就會講的心虛，這關就會卡住。

我跟好友 L 聊到這段，L 在半信半疑之際，我又舉了個例，讓她瞪大眼睛。

我說我不懂棒球，我的棒球知識大約是零分，L 的棒球知識是一百分，那根據 xdite 的方法論，我跟 L 的組合，剛好有能力在最短時間內生出一本類似 Baseball for dummies 的書。

我極盡可能地提出蠢問題，譬如說想追女生所以跟著她去

看棒球，要如何觀察行動才不會誤幫對手球隊加油？

我可能找幾個都不懂棒球的人一起生出對棒球的種種問題，包括棒球小將的生涯規劃、練習時間、同儕相處、教練培訓，成名後的誘惑與人生下半場的規劃等等，然後錄音筆拿出來，請 L 暢所欲言，我若不懂就請 L 打比方，解釋到我懂，才收錄書中。

你說這樣成書會有多快！

一樣，關鍵前提是 L 對棒球的了解，跟楊田林老師對百人講座的了解，都是接近滿分的程度。

xdite 正因為擅長歸類，腦中統整多門學問，讓她成了一個難以歸類的人。

這本書恰恰可以當作（一小部分）xdite 大腦的開箱文，所以本推薦序的題目才取為：怪咖開箱人生演算法。特此向她的大腦致敬。

（本文作者為醫師，著有《人生路引》）

# 第二部 拆解眼前的問題 ━━━━━━

# 第三部 用數學改變未來 —————————

# 打造超人一等的思維

2019 年我寫了一本書《打造超人大腦》，收到很大的迴響。許多讀者紛紛表示，這本書解決了他們長久以來的困擾：

- 書讀得很慢。

- 老是有拖延症。

- 經常遭遇不幸。

為什麼會有這些困擾呢？根本原因是我們每個人都是一副靈魂再加上一台肉做的機器人。

但非常有趣的是，其實從小到大沒有人教你使用你的肉體。所以我們只能用非常低效的方式，使用自己的出廠原裝設備。

## ▋ 打造超人大腦：提高輸入／輸出處理速度

《打造超人大腦》這本書討論的主題，是理解自己的肉體是

如何運作的，然後駭進這台機器人的 I/O 裝置，提高效率。

書中主要提了三種方式，可以快速改善一般人的輸入與輸出。

## 1. 用萃取關鍵字的方式跳讀

我在《打造超人大腦》中介紹了「極速讀書法」。這個讀書法的原理與主張，是你並不需要讀完一本書裡面的每一個字。相反的，在讀每一本書時應該帶著自己的問題去讀，可以更有效地從書中找到自己心中問題的答案。

這種跳讀方式，可以有效降低能量的消耗。

讀書會覺得容易疲倦，是因為當今的教育系統在學校教育小孩，看書就必須用念的，讓小孩以為只有這一種方法念書。所以讀一本十萬字的書，本質上是在心中朗讀十萬字，非常消耗能量。

用跳讀找資訊可以省下聲音能量的轉換損耗，更有效萃取總結我們需要的資訊，提高閱讀效率。

## 2. 讀書後立刻總結

第二部分的重點,是如何把找到的資訊記得更牢。

我們的大腦有暫存記憶體,但是這些記憶體的格子很少(只有 5 正 2 負)。如果我們只在大腦裡面讀書,很容易讀了新的忘了舊的。新的裝進格子,舊的被擠出去。最常見的情形是,花了幾小時讀完一本好書,感覺書中有很多重點,但最後卻什麼都不記得,只記得「這是一本好書」。

極速讀書法強調的是,閱讀的時候立刻登載書中的重點到外部的儲存空間「紙」上,釋放記憶儲存格。並且在讀完之後,「馬上」總結整理累積起來的筆記,甚至分享給其他人。

為什麼要在讀完後馬上整理,而不是幾天之後再整理呢?

因為我們的大腦會在睡覺時清除沒有用的資訊。如果你不在時限內將資訊「燒焊」在身體裡面,就會忘記。

在生理機制上,人類記憶事情的方式,是將事情串成一個脈絡,當作一段故事儲存起來。

## 3. 用更有效的方式輸出

第三部分是教大家如何快速高效地寫作。

一般人會覺得寫作是一件很困難的事。是因為寫作本身是在大腦瞬間執行數件事。這樣的動作非常耗能，所以無法持久。一般來說，輸出可以分成四個動作：

- 提取記憶。

- 創作成新的記憶（非常耗能）。

- 在腦海中轉成聲音（非常耗能）。

- 轉成肌肉訊號慢速打字出來（非常耗能）。

　　一般人並沒有辦法在短時間內供給大腦那麼大的能量，同時執行這樣複雜耗能的連續動作。

　　所以我提出一個更有效的方法：先整理有意義的常見問題，經過分類後，提取大綱做為省力鷹架。

　　接著利用直播，想像自己是面對面幫人解決問題，有組織地口說出答案。之後再借用科技的力量，將音檔轉成文字，快速產出。

　　這樣做會有效提升寫作速度，節省下很多能量，不會因為寫篇文章就把自己的電量用光。用這種方法寫好稿子，後續再編修幾次，理想的成品就出爐了。

　　這個方法乍看之下多了許多工序，實際上卻能省下非常多

的時間。

## ■ 人類本質是一台沒辦法升級的電腦

透過上述這三招，可以讓自己這組原裝設備變得更有效率。

但你可能還想知道，我為什麼要鑽研駭客自己的方法？

事實上是這樣的。相信每個人都有一台智慧型手機，也可能每兩年會一台新的。但是不知道大家有沒有想過，手機廠商每年推陳出新，不只硬體改款，也會經常提供軟體補漏，調整使用者介面與流程，新增升級的功能以符合實際需求，便於日常使用。

社會與科技如此日新月異，但我們人類能夠更新自己的硬體嗎？或者退一步說，我們有辦法升級自己的作業系統，去因應這每十年大變的時代嗎？

顯然沒有辦法。所以科技越來越先進，人類就越來越恐慌，也跟得越來越吃力。

和機器比升級，人類擺明吃大虧。因為人類無法更換 CPU（大腦）、也不可能提升記憶體容量。不僅如此，鍵盤、喇叭、麥克風，都不能換，完全沒有升級空間。充其量只能做點性能

保養，透過一些健康活動，讓性能短暫地提升。比如說做運動讓體力變好，電池多了 10%。

不過，這樣的改善方式，效果也很有限。因為大腦能量多了 10%，處理器速度有辦法快 10% 嗎？想想，似乎也沒辦法。

再來，既然透過保養可以提升自己的電力 10%，那有可能更進一步多 100%、1000% 嗎？好像也不可能。

所以我才會萌生研究《打造超人大腦》內的三個主題。我們是不是可以透過調整 I/O 順序機制，提升效率。

## ■ 打造超人思維：提升大腦演算效率

後來我更在思考，除了調整自己使用 I/O 的順序之外，還有其他辦法提升自己的效率與決策品質嗎？

我是工程師出身的，以前在我們工程領域裡，團隊如果遇到軟體效率出了問題，第一直覺就是去查找程式碼，看是不是演算法的效率有問題。如果確定是，就修改代碼結構去提升軟體的整體執行效率。

所以我想研究，是否能移用工程領域調整效能的方式做思維升級。

一般來說，程式跑在電腦上，原本執行正常，後來卻連連當機，有可能是因為要解決的問題越來越大，細節越來越複雜。這不是程式有 BUG，而是輸入問題的規模與複雜度改變，導致程式在電腦上耗用的能量隨之提升，最終超過了原有機器的負荷。

　　程式設計師在解決問題時，所開發的第一版解法，往往是用比較直觀暴力的方法設計出來的。在問題規模小的時候，執行效率與速度不會有問題。

　　但是，如果題目變得越來越複雜，卻還運行相同的程式，耗用的資源可能就會超出硬體負荷，最後當機。

　　我發現，這情況很類似人類的學習和決策。比方說寫作吧，正常人一鼓作氣寫出一篇文章的難度沒有很高，但是如果也想用一氣呵成的方式去寫一本書，可能就行不通。

　　人類解題也是類似的情況。當我們遇到問題，有 99.999% 的人只有一種解法，就是搜尋過去的經驗。如果找不到，就看看周遭的人有沒有類似經驗，或是書上有沒有類似的經驗。

　　如果眼前遇到的問題奇形怪狀，一直無法匹配到相符的可行解法，人就會當機。直接宣告無解。

還有另一種情況：如果問題有點難度，還有時間上的限制，人們往往會粗暴地用直覺，執行和過去一模一樣的解法。但因為沒有注意到問題在細節與規模上大不相同，所以直接上的解法不僅解決不了問題，還會引發了災難性的後果（我們稱之為粗心或不幸）。

　　於是，我在思考，這種設計上的「撞牆」與「Bug」，難道沒有辦法修正嗎？

## ▌ 十倍、百倍、千倍效率的祕密

　　調整人類硬體 I/O 使用順序這件事，本身就是一個有趣的方向。在不改變硬體的情況下，只調換使用的順序，光寫作效率就可以提升一兩百倍。

　　比如說，我最早寫一本書的初稿需要六個月，後來可以縮減到一個月、一週，寫上一本書《遠距工作這樣做》只花了一天。

　　過去類似的經歷還有：

- 參加程式黑客松：一天寫一個網站，並把簡報做完。

- 一個月裡做出一個創業網站，立刻取得驚人業績。

- 60 天內掌握一門學問。

認識多年朋友說，如果他不是認識我，並且現場看我從頭到尾做出來，否則他一定會覺得這些成果都是吹噓。事實上，要不是是我本人做出來的，網路上如果其他人也有這樣的成果，我也會認為他是吹的！

而這些誇張成果，是因為我超級拚命嗎？我認為其實也不是，不可否認，我做這些事情時真的很投入。但真要歸因，祕密其實只是調轉順序而已。

## ▌ 幸運的原理

除了在工作上有不可思議的效率之外，朋友也曾經形容我是「超級幸運」的人，常常可以在平凡事件撞上超級好運，並且更上一層樓。若是遇上不幸事件，也多半能夠化險為夷。

我認為，這也不是我特別幸運，而是我的決策思維跟一般人非常不一樣，所以才會產生一般人眼中匪夷所思的決定，但是這些詭異的決策，卻在最後取得很好的結果。

## ▌ 改進人腦的演算法與效率

我在上一本書《打造超人大腦》裡寫了認識自己大腦的硬

體工作原理。這一本書想來談談如何升級自己的大腦演算法。如何解題更有效率，讓人生幸運不斷。

主要會介紹三個手法：

1. 換維

2. 拆分

3. 數學化

## 換維

人類做事效率差，絕大部分是因為思考角度是單一線性的。但是要解一個難題時，未來選項卻是無限分岔的。

所以人類根本沒有辦法面對指數型成長的選項（如果一件事需要做五個決策，每個決策又有兩個選項，那麼最後可能有 $2^5 = 32$ 條路）。再加上，人類的解題方法是記憶匹配法。一旦在記憶庫裡面找不到可參照的答案時，就容易進入死胡同，或做出錯誤的選擇。

在這本書中，我會演示拆解不同的主題，讓各位讀者學到如何換維思考，跳脫經驗的束縛，找到真正的答案。

## 拆分

也因為人類解題多半是拿整個大題目在記憶庫（過去的經驗、朋友的經驗、網路上搜尋）裡面比對搜尋。如果題目太大，可能就會無解。

這也是為什麼當今科技創新非常困難，原因也是在記憶庫裡面沒有答案。

我會展示如何使用特殊的解題手法，如何將生活中面臨的難題拆解、改造、調換順序，成為可實際解決的方向，讓各位讀者學到完全創新且高效率的解決問題方法。

## 數學化

世界越來越先進，未來的問題也將越來越難。面對不確定的未來，我們時常會有煩惱與不安。

在本書最後一部，我會介紹如何將問題數學化，「化不確定為確定」，提高勝率，讓自己變幸運。

## ▌ 這本書能改變你的思維、效率、命運

我從不是一個雞湯作者，所以這本書並不會花時間講努力

的大道理。因為，人生的很多問題不是刻意練習、努力用頭撞牆就能克服。

但你以為的「神力」、「幸運」其實可以很科學。

希望閱讀這本書能讓各位讀者的演算法大幅升級，最終改變你的思維以及命運。

# 思維升級

第 1 部

# 第 1 章

# 演算法決定了你的最終命運

　　為什麼要思維升級？我想這是各位在閱讀本書時會提出的第一個疑問。

　　我以前也曾認為人的命運天注定，命格在出生時都被寫定了，運勢也許會為人生帶來一些變化，但總體結果是不會變的。

　　因為我周遭有不少非常努力的朋友，他們一輩子都很勤奮，但始終是在原地踏步；我也有些相對懶惰的朋友，他們輕輕鬆鬆就過上比別人容易好幾百倍的人生。

　　有時候連我自己遭遇到不順遂時也會想，人生真不公平，要是可以重來一次或重新投胎，肯定不會遇上這些不好的事。

　　這當然只是嘴上說說。但是你有沒有想過，如果有個機會讓你重來，你有辦法改變自己的人生嗎？

## ▋ 模擬人生的桌遊「財富流」

2019 年一個偶然的機遇，我接觸到一款非常有意思的桌遊「財富流」。它的玩法與網路上有名的「現金流」非常相似，也是一款金錢教育模擬遊戲。遊戲設計的用意，是讓玩家學習財富管理的思維。

剛開始接觸這款遊戲時，我本來覺得它充其量就是一款模仿現金流的遊戲。直到接觸到不同的玩家，打了幾輪之後，才發現這遊戲不只表面上看起來那麼簡單。它不僅是金錢教育遊戲，還是一款極其貼近現實的決策模擬遊戲。

## ▋ 從桌遊看人品

我一直是個重度桌遊玩家。講到桌遊，一般人的印象大多停留在「大富翁」。但事實上世界上有幾千款不同主題的桌遊，背後有不同的設計哲學以及想要讓玩家學習到的事情。

桌遊世界非常有意思，我接觸到這個世界後，很快就沉迷了。好玩的桌遊可以讓玩家在短短一兩個小時內（中小型桌遊）學到很多有趣的知識，甚至玩家若多次玩同一款遊戲，都可以在當中領悟出不同的學問。

在眾多桌遊當中，我最喜歡的是「卡坦島」，這款遊戲也是我進入桌遊世界的啟蒙。我喜歡卡坦島的原因很簡單，因為這款遊戲的遊戲過程和創業非常相似。

不僅開局需要計算機率，中局要調整策略布局，不時要跟玩家談判交易，遊戲還有一定的運氣成分。

當然，桌遊好玩的地方不只是遊戲本身，還有玩家的互動。多數桌遊本身有隨機性，加上玩家，就容易爆出精采的火花。或者，你在遊戲過程中可以觀察到玩家平常不為人知的一面。

知名港片《嚦咕嚦咕新年財》有一句經典台詞：「**牌品不好就是人品不好。**」這部片在 2002 年上映，我才剛念大學，當年覺得這句台詞太「絕對、武斷」了。

出社會後，我開始學習打桌遊，才發覺電影裡這句話是真的。在工作中，曾經一起玩桌遊時氣氛融洽的同事，在業務合作上也很愉快；而動不動就臭嘴甚至翻桌的人，合作起來也真的難受，他們不僅會把團隊氣氛搞砸，自己本身業務一塌糊塗也是常有的事。

後來我反思，為什麼這句話為什麼這麼精闢。才發現，因為遊戲本身是「簡化的世界」。人在桌遊世界裡，很容易會反映

出自己的下意識反應與直接情緒。

這也讓我恍然大悟，為什麼古時候人談生意，總要先在家裡約場麻將。

因為商場上的輸贏這麼大，如果不知道同夥人的牌品，如何放心跟他合作？所以後來我自己開公司，就很喜歡約同事一起玩桌遊，用來觀察他們的核心決策和真實人品。

## ■ 一款遊戲，看到完全不同的人生

財富流這款遊戲更有意思，它幾乎可以將玩家從出生到現今的真實人生重演一遍，甚至還可以預測結局。所以我興起了一個念頭，想要找很多人來玩這款遊戲，實測它的精準度。

而且也想知道，如果能夠讓自己的人生重來一遍，每個玩家會做出什麼決策。

我約的第一批玩家當然是我公司的同事。因為人數眾多，我將同事分成四組，按照下面的順序約來玩：

- 初級研發工程師

- 初級的非研發部門同事

- 資深研發工程師

- 高階主管與行政祕書們

這個遊戲的基本精神是希望教會玩家規劃理財與人生戰略，如何規劃個人財務報表。玩家透過遊戲知道自己為什麼無法財務自由，從而脫離窮忙迴圈。

在遊戲一開始，玩家要在盤面上選擇自己希望的人生終極願望，可能是：

- 世界旅行

- 買島嶼

- 舉辦個人演唱會

- 辦大學

- 非洲旅遊

這些願望的價格從人民幣 100 萬到 1 億不等，精力花費是 15 至 30 點不等。遊戲盤面分成內外兩圈，你在內圈會經歷人生的一切，諸如：

- 結婚

- 生子

- 逆流

- 機會

- 覺察

- 行情

另一圈是外圈。從內圈到外圈的條件是：被動收入超過了支出，也就是財務自由狀態。外圈的現金倍數是內圈的 100 倍。在內圈裡面的賺錢機會可能是數千到數十萬不等，在外圈的賺錢機會是數百萬到上億不等。

遊戲勝利的條件：在生命消逝前（遊戲模擬 20 至 60 歲）賺到 2000 萬，或者是走到你在外圈原始設定的終極願望上，並且完成願望。

跟美國的現金流遊戲一樣的地方是：

- 玩家必須注意自己的人生財務報表。

- 被動收入必須超過支出。

財富流遊戲不一樣的地方在於：

- 除了地產、股票、企業之外，新增了副業。

- 並不像現金流的設計，勝利手段主要在地產投資上。遊戲裡面獲得財務自由的方法有千百種。

- 增添了精力設計，在遊戲裡面投資地產、企業、股票、副業，都需要耗費精力。

- 每個職業有不一樣的起始精力，比如說祕書、客服的工資低但精力高，醫生與工程師的工資高但精力低。

每個職業的精力初始會有 3 到 5 點，最多允許玩家有 2 點透支。如果透支超過 2 點，玩家就會死亡。比如說，兼太多副業，精力超支，卻遇上團體逆流 COVID-19，就會不小心陣亡。所以玩家不能無止盡地追求金錢上的回報，也必須好好管理精力的使用。

雖然說，在遊戲裡能夠達成財務自由的方法有千百種，不過主要核心攻略還是那幾招：

- 前期積攢原始資本（副業、股票投資都可以）。

- 中期與人合作開公司或買房產投資，讓自己的被動收入超過總支出，離開內圈。

- 也可以不用那麼辛苦，儘量降低日常開支，找老闆帶你出圈。

每一場我都一起下去玩，看到了完全不同的世界。

## 初級研發工程師

這一區，我玩得非常辛苦。

遊戲裡面有四種機會：副業（主動收入）、股票（一次性收入）、房產（被動收入）、企業（被動收入）。

我發現初級研發部門的同事非常勤奮，而且這股勤奮像是病毒會傳染，每個人都獨立打四、五份工，每個人的遊戲人生都很辛苦，到了六十多歲都沒有獲得財務自由。

他們不太看股票，認為風險太高。房產與企業之中覺得企業太貴，做不起。

玩遊戲的時候我也被他們傳染了，拚命玩副業。但是我稍微做了一點不同的事，終於湊足了錢，搞了個企業出圈。

和他們一起玩讓我打很多份工很辛苦，覺得人生好慘。

## 初級非研發部門同事

這一場就沒有那麼極端，沒有把全部時間放在副業打工上。會去看一些股票，尋找其他的機會，做一些小合作。合作湊錢辦企業，獲得財務自由的速度就快了一點，人生不會那麼辛苦。

比較值得注意的是，雖然大家願意合作，但是彼此會算計，有點愛計較，所以失去好幾個合作機會，甚至在合作前因為小條件談不攏而拆夥。

我在這場本來打算要找人一起合作做點企業，卻有好幾個機會被愛計較的同事直接破壞，打得我煩躁不堪。讓我意識到，人生要遠離愛戳別人愛計較的槓精，跟他合作不會有好結果。

## 資深研發工程師

這一場就非常有趣。因為資深工程師不會把太多的時間放在販賣時間換錢的副業上。他們的策略是先用專業累積一些資本，然後進行投資。

他們與初級工程師非常不一樣的地方在於，初級工程師非常勤奮也玩命，但不與同桌玩家合作，把遊戲當成單機來打。但是資深工程師樂於和同事合作，而且同桌的玩家也都是平常一起合作同一個專案的同事。

所以後期在辦企業時，大家幾乎沒花什麼時間分彼此你我，有機會先合夥再說。所以財務自由來得非常快，大約四十多歲就離開內圈了。到了遊戲結束的時候，幾乎每個人都出

圈，身家累積數百萬。

## 高階主管與行政祕書

　　這一場就更厲害了。在場的人有公司財務、助理、律師，他們幾乎連一張販賣時間的主動收入卡都不願意嘗試，每個人都瞄準投資、房產、企業。

　　而且遊戲財務自由的人竟然是我的兩個助理，他們的特點是願意跟人合作，本身帶幸運值，最後資產累積到幾千萬。

　　這四場打下來，非常刷新我的三觀。

　　過去我打過不少桌遊，絕大多數的心得也都跟網路上的評測差不多，甚至也有最佳玩法。

　　但是這款財富流遊戲的過程與結局是千變萬化。可以說，每個人對人生的價值觀、與夥伴合作的方式，都決定了他在遊戲中最後的結局。

　　在這四場中，我都有幸走到外圈財務自由，只是辛苦程度非常不一樣。

# ▌ 不同文化價值觀，決定了不同的行動方式

2020 年，因為疫情的關係，我在春節返台後就一直關在家裡。到了五月，台灣的疫情終於緩和。因為實在想出門社交，所以想約人打桌遊。一想到桌遊，就想到財富流遊戲。

## 職業特性的競爭思維

我很想知道台灣的朋友們玩會出現什麼結果，所以上網約人。本來只想找六個人玩，沒想到大家這陣子太悶了，竟然有三十多個人報名。我只好硬著頭皮開了好幾場。

報名的人來自各行各業，第一場甚至來了很多位醫師。所以我把玩家分成了一般人桌與醫師桌。

不得不說醫師桌的特性真的不一樣。一開始他們就打定主意不採販賣時間的戰略，直攻股票、房產、企業投資。比較特別的是，醫師桌嘗試翻了幾次房產、企業，覺得價格太高以後，就不打算再嘗試。

中間發生了一個事件，有個手氣好的醫師在前幾圈玩股票贏了十幾萬，本來其他醫師投資股票略顯保守，一看到有人賺了這麼多錢就突然間殺紅眼，紛紛開始大手筆炒股，將遊戲變

成炒股大賽。幾乎每次翻到機會就只願意買股票。場上的教練多次勸他們要不要買點房產、企業，他們都沒聽進去。

雖然股票幾萬幾萬地賺，但是累積速度很慢。到了五十多歲才有人突然清醒過來，問要如何才能財務自由。

教練很無奈地說：「剛剛已經說了很多遍了啊！合作買房產、企業！」

醫生們還是半信半疑，大家始終對於「合作」這件事有疑慮。

遊戲結束後，我對這樣的玩家特性有些好奇，於是私底下問了一位醫生，為什麼會呈現這樣的局面？

他說，台灣的醫師從小到大都是第一名，天生就非常熱衷於「贏」與「競爭」。

所以一旦有人領先，他們就會不由自主地想競賽，而忘記遊戲一開始的目的是要賺到更多的錢，實現財務自由。甚至在牌桌上殺紅眼的時候，即便聽到場邊教練的建議，也下意識不願意去聽。

## 市場大小造成的合作／競爭意識

帶大家玩這個遊戲時，我並沒有刻意引導這是個競爭遊戲還是合作遊戲。但是就看過這麼多場的經驗，我發現中國玩家往往很容易開啟合作模式。當他們發現賺錢速度太慢了，就會開始和其他玩家商量如何合作，加快賺錢速度。

但是台灣的玩家截然相反。絕大多數的台灣玩家在初期會把這個遊戲視為競爭遊戲，有些人獨善其身自己賺錢，有些人就是看別人做什麼就跟著做，甚至自己不賺錢，專門破壞別人的交易。

我從這裡面發現了兩岸文化價值觀的差異。在中國因為機會多，風口消失很快，所以玩家遇到機會就先合作賺一票再說，分紅再慢慢談，是正合思維，可以造成競合雙贏的局面。台灣因為機會少，甚至要在領域內拿到第一名才有辦法活得好，所以常常開競爭模式，錢還沒賺到，就先殺個你死我活。

## ▌ 對財富的看法，決定了自己的世界與命運

有一場很特別，讓我留下深刻印象。那次來了十二個人，有之前玩過的玩家，也有沒玩過的新手。我直接將他們依照遊戲經驗分成兩桌。

在新手桌有個玩家，非常希望我在遊戲開始前為他詳細為解說遊戲規則。我給了他官方的遊戲指南，但也告訴他，光看官方解說沒什麼用，因為遊戲規則差不多就是人生規則。先看過攻略也沒用，因為玩家的核心價值觀會主導自己，在玩遊戲的時候做出讓自己安心的決策。所以，知道別人怎麼贏，自己在遊戲裡未必就能那麼贏。

他並不是很相信我的說法。果然，他這一場打得很辛苦。因為在遇到合作機會時，他雖然知道要合作，但是也害怕合作。

隔壁桌坐著有經驗的玩家，所以他們達到財務自由的速度非常快。我就提醒新手，要不要趁空檔，過去觀摩一下別人財務自由的方法。

但是這一桌的玩家不以為然（開局之前想知道別人怎麼贏，但是在自己陷入苦戰時又不想知道）。遊戲又過了幾輪，我再次提醒，我在這個遊戲裡面曾經獲得數億資產，想不想知道我的戰略？他們投來了我在炫耀的眼神，也沒有想理我的意思。

到終局時，這一桌沒有人財務自由。場邊教練在旁邊觀戰時，提醒他們可以向銀行借貸，跟別人合作辦企業，比較有機會財務自由。但是他們無動於衷。每個人都想靠自己的努力上天，但是一直沒有奏效。

直到遊戲的檢討環節，在開場時問過我詳細規則的玩家才說起他觀察到的一個遊戲戰略（但始終沒有執行），詢問我是否可以這麼做。我說是啊，當然可以，遊戲沒有明文禁止，就是可以這樣做。

他開始怪我們沒有主動提醒他這個規則。

我的回應是，他在開始之前要很詳細地知道所有檯面上的規則，但是遇到了檯面下的規則，為什麼沒有主動詢問呢？每個教練都強調，遊戲裡遇到問題都可以馬上問。實際情況是沒有人開口問，甚至對教練給的建議無動於衷，也不打算採取行動改變現況。

我也開門見山地說，既然大家都渴望財務自由，但是剛剛提醒你們去看別桌如何財務自由時，大家卻露出一副不屑的樣子，好像別人有錢是他家的事。場子裡面沒有牆，何不花個一兩分鐘，走去看看隔壁桌怎麼打，再回來改變自己的玩法呢？

大家聽了彷彿如夢初醒。是啊，為什麼要下意識仇富，並且鄙棄別人的賺錢策略呢？

## ▌ 富二代為什麼容易家破人亡？

在我開的桌遊場裡面，曾經來過更有意思的「富二代」組

合。因為公司有位同事剛剛大學畢業，他的寢室室友都是富二代，聽到他上班會打桌遊十分羨慕。正好他們剛出社會，都在找工作，於是我讓同事以打工為由，商請他們來玩這個遊戲。

為什麼這一場讓我印象深刻？

因為我遇過的玩家在遊戲裡面可能會遇到各種狀況：貧窮、運氣不好、精力透支、打得辛苦，但是很少人會玩到病死，或在內圈破產。就算真的運勢不好，頂多是到了 60 歲還窮哈哈。

但是這一桌玩家竟然有三個分別在 35 歲、40 歲、45 歲破產或病死出局，桌上只剩下一個玩家，到 60 歲還在苦苦掙扎。

我從來沒看過這樣的結果，連我自己都很驚訝。

為什麼會打出這樣的遊戲結果呢？我發現這桌玩家在現實生活中零用錢雖然很多，但是他們業餘的興趣是炒股票，甚至有一個玩家立志當股票名嘴。

當然，這位未來的股票名嘴在遊戲時也非常熱中於投資股票，在遊戲裡面也早早拿到一個微課講師的副業，他卻是遊戲裡面死最早的。因為他很早就將資產 all in 買藥業仙股，甚至還不夠，把所有貸款額度都拿去買股票，壓垮自己的現金流。

後來，遊戲裡面觸發一個團體逆流事件，這位股票名嘴買的仙股內線交易下市了，身家直接歸零。在現金流被壓死的情況下還走到個人逆流，更是禍不單行。他不只當場失業，在逆流中還進一步惡化，家人住院了，要花上一大筆支出和精力。最糟糕的是，他是遊戲裡當中唯一拒保保醫療險的人。

同桌玩家雖然跟他的交情不錯，也想救他，但是也跟他一樣買了很多股票，也賠了很多錢。沒有人有精力救他。於是他在 35 歲宣告破產後死亡。

遊戲裡面還有兩個死亡的玩家，一個是前期借錢買太多股票蒸發歸零，後續得打很多份工才能維持開支，不要說合夥辦企業了，他連維持正常現金流都有困難。另一個是花花公子，生了很多小孩，消耗太多精力，得一直停下來休息才能繼續下去。

這三個玩家在策略上跟其他場玩家最大的不同點是，一般玩家發現自己走霉運時，都會停下來思考自己現在的打法，是否有重大錯誤，嘗試一些不同的策略來改變現況。

但是這群富二代不曾停下來，只是不停地跟銀行和朋友借錢，然後繼續往前衝。越努力掙脫，陷入泥沼越深。場上的其他富二代玩家不是不願意救，而是自身難保，也沒有能力出手

救朋友。

這場打下來，我突然明白為什麼世界上多數富二代下場多半不太好，因為他們不知道錢是怎麼賺來的。他們出生就非常有錢，可以隨意花，所以解決事情的策略也是用錢擺平，然後繼續按照自己的意志行事，不想改變。而一般人因為賺錢辛苦，被毒打之後至少會退一步思考自己的策略是否有誤，尋求他人意見、嘗試新策略，鍥而不捨直到成功為止。

## ▍ 要改變命運，就要改變你的演算法

我在朋友群中發表過這些遊戲故事，意外得到很大的迴響。雖然沒有刻意推這套遊戲，但在周遭還是掀起一小陣風潮。

任誰都沒有想到，從一個遊戲裡面可以看到這麼多人生道理。

吳軍在他的《見識》一書裡提到一個觀點。

什麼是命呢？不同人有不同的理解。但總體取決於兩個因素：

- 環境因素

- 自己對未來走向劃定的方向。

命就是一個人看問題和做事情的方法，如此而已，但它們卻決定了人的一生。一個人看似運氣好，其實是他的命好。命好，是因為他有獨特的思考方法和行事方式。

很多人在現實生活中過得很辛苦，會覺得是上天害他的。但是，到了這個遊戲裡面，理論上你有再來一次的機會。但是，我看到很多玩家在玩這個遊戲時，不管有沒有看過攻略，還是在遊戲裡重現了自己的人生，沒有讓遊戲的結局變得不一樣。

唯有在被遊戲毒打一頓，被教練點破盲點之後，他們才徹底改變了看事情的角度。第二次玩，才出現了不一樣的結局。

所以，我在這本書開篇不急著講方法，而是希望透過這一連串桌遊故事讓大家明白，人生最重要的是升級核心演算法。

雖然，我們沒辦法改變先天的硬體，但是後天我們有能力升級演算法。唯有升級演算法，才能把自己帶到不一樣的境界，甚至是原先夢想要走到的那條路上。

# 第 2 章

# 找到你的升級卡頓點

　　看人家打桌遊非常有趣。有時候在旁邊圍觀，會搞不懂場內玩家怎麼想的。不過，在場邊看人家玩是一回事，實際下去玩又是一回事。

　　而且，在下場打桌遊之前，幾乎每個人都會想著如何打出最佳戰略。但是戰情一緊張起來，加上同桌上的玩家風格不一樣，有時候一被場上的玩家影響，或者是出於安全感，往往只能直覺下出自己覺得最穩的決策。

　　所以，理論上我們知道要升級自己的演算法，但是事實上很難做到，也是類似的原因。

　　在這些桌遊故事裡面，你會發現幾種行為特徵：

- 每個人大多是基於過去經驗，以本能做出決策。

- 每個人受周遭的環境影響很大，不同的地域會產生不同的決策性格。

- 每個人受場上同桌的玩家影響很大，若有人遙遙領先，其他人會不管自己的原先優勢，就直接拷貝領先者的戰略，自亂陣腳。

但，到底是什麼原因造成這些問題？

## ▍ 到底要升級什麼？談談價值觀

在談這個問題之前，我想再聊另一款桌遊「卡坦島」。「卡坦島」是一款策略遊戲，也是開啟我桌遊人生的啟蒙遊戲。我

卡坦島桌遊。箭頭標示的是遊戲裡資源最豐富、機率最高的點數。

喜歡這款遊戲，是因為這個遊戲本身是一個考驗判斷機率、策略布局、口頭交涉，甚至還帶上一點運氣成分的經典遊戲。

而這個遊戲，我覺得遊玩過程也很像人生與創業。

卡坦島的主要核心遊玩機制是占地生資源，蓋建築。玩家可以以不同策略得分，先取得 10 分者贏。

島上有五種隨機地形，分別可以生產五種資源：小麥、鐵礦、木頭、紅磚、羊毛。

遊戲一開始，玩家必需要占據兩個資源的交界點為基地，開始生產資源。每塊地形上有數字，玩家行動前要先擲兩顆骰子，在骰到的點數邊界上，玩家若設有基地，就可以取得對應資源。

因為骰子的點數是呈現機率分布的。一般來說兩個骰子的組合，出現的大小順序是 7 > 8=6 > 9= 5> 10 = 4> 11 =3 > 12 = 2。

湊齊木磚麥羊可以蓋房子；3 礦 2 麥可以升城堡；1 木 1 磚蓋路；麥礦羊可以抽發展卡。

交界點上若蓋了房子有 1 分，而城堡 2 分（資源也可以拿雙份）。

數字是遊戲起始擺盤時就決定的。所以熟練玩家，在開始會觀察場上資源地形，心中計算機率分布，再決定自己起始基地放置點。

但是，因為一個交界點只能放一個基地，放置基地又有先後順序，所以即便你已經算出哪個點會生出很多資源，實際上也未必拿得到，有時候只能選擇次好的資源點。

而玩家初始選擇的基地，會決定了後續的打法。

一開始每個人有 2 間房子，所以是 2 分。理論上這個遊戲的玩法，應該是蓋房子、升城堡。但是遊戲裡面有其他的湊分方式。比如說可以抽發展卡，翻出三張騎士拿軍王可以得 2 分；蓋出最長的路有 2 分；或是抽中 1 分卡（25 張發展卡裡面有 5 張）。

但不管是什麼戰略，誰先取得 10 分，就取得最終勝利，遊戲結束。

## 考驗策略布局

開局每個玩家都會在心中計算最佳位置，但算得出未必拿得到。理論上大家該用基礎建設打法，但有時候又會遇上本場某些資源極度缺乏，所以只能改用其他策略。而且，骰子並不

是呈現完美機率，我還遇上有些蠻邪門的情況，整場不出高機率的 6、8。所以，原本就算占到了 6、8 點的基地，卻也無用武之地。所以，打卡坦時，玩家必須懂得臨機改變策略。

卡坦島上有四個玩家，非常擁擠，所以通常在建設過程中，玩家很難自給自足。想要順利發展，多半要拿手上的資源去和玩家交換自己缺乏的資源，才能蓋出想要的基地建設。

又或者玩家可以選擇用 4：1 的比例和銀行交換資源。（如果在勢力範圍內蓋起三一港，就可以用 3：1 的比例和銀行換資源。若有特殊資源的二一港，就能以該種資源與銀行用 2：1 交換。）

有的玩家在牌局一開始就分析資源的平衡度。若認為資源失衡，就會去賭一下二一港，打快戰。

## 考驗交涉計巧

在遊戲當中，你未必需要以懸殊的比例和銀行交易，也可以跟場上的玩家交換。但如果是跟玩家交換，就很講究個人交涉能力。

因為牽涉到輸贏，其他的玩家未必想跟你交換。甚至，你也可以運用口才，去干涉干擾其他人的交易。

遊戲裡面還有一個有趣的機制：擲到 7（兩顆骰子最容易出現的組合），遊戲會出現強盜。擲出 7 的玩家可以移動強盜棋子，強行占領某塊地，被占領的地在強盜離開之前不能產出資源。

　　不僅如此，擲骰玩家還可以搶劫在此塊地上有勢力的玩家手上資源。

　　與強盜玩家談判，不要搶自己而去搶別人，也是一種功力。

## 千人千面，每個人都有不同策略

　　我非常喜歡這個遊戲。而且這個遊戲也是桌遊世界裡面最經典的遊戲。是因為這個遊戲沒有必勝的策略。一千個人來打有一千種不同的玩法戰略。

　　一般的取勝路徑是鋪路→蓋房子→蓋城堡。但有時候某些資源短缺，這條思路就會行不通。另外，因為遊戲機制是擲骰子產出資源，理論上 6 和 8 會是資源最豐富的點。但如果骰運不佳，玩家就會坐困愁城。

　　「感覺上」遊戲基本上可以靠分析資訊、下對初始基地贏，實際也需要看運氣和隨機應變。

重點是，在場上你無法拷貝同場玩家的戰略取勝。因為每個人都有自己的核心優勢，拷貝他人戰略不可能讓你拿到 10 分。

聽起來，這個遊戲也很像真實人生。

這就引出這一章我想談的重點：什麼是你的核心戰略、價值觀？

## ▌談到升級，大家往往想做的是拷貝他人戰略，而不是挖掘自己的價值觀，尋求自己的最佳打法

如果把人比擬成一台電腦，其實每個人的硬體配置都差不多。

每個人之間最大的差異就是核心演算法，也就是價值觀。

什麼是價值觀呢？價值觀就是自己最擅長的技能＋自己賴以行事的判斷原則，核心打法。

而價值觀和人生一路上累積的經驗，構築了一個人的作業系統。

而我們的人生進程就是不斷地累積經歷，提煉經驗進系

統，再微調演算法，隨機應變去適應環境。

但是當我們在談思維升級的時候，很多人往往最關心的是哪裡有攻略可以抄，而不是我擅長什麼，適合照抄嗎？

如果我們把這個思維搬回打卡坦島。這不就是代表，如果你的初始資源點盛產木頭與磚塊，卻想學隔壁的打法狂用小麥鐵礦升級，不是很搞笑嗎？

再者，盲目拷貝他人戰術，更不只有浪費天賦的問題，還會事倍功半。

## ▌ 阿里巴巴錄用人的原則是價值觀＞學習能力＞專業技能

我不知道各位是否聽說過阿里巴巴錄用員工的基本原則？其實蠻反直覺的。

一般來說，多數公司錄用員工通常會考察三方面：專業技能、學習能力、價值觀。

在急需人力的創業公司，這三大能力的排序會是：專業技能＞學習能力＞價值觀。

但是阿里巴巴跟其他公司很不一樣。阿里巴巴錄用人的排

序是：價值觀＞學習能力＞專業技能。

一開始我在讀阿里巴巴的創業故事時，會覺得這樣的排序很奇怪。如果急需人才，專業技能怎麼會放最後？

後來我在創業過程中踢到幾次鐵板之後，才發現真要最先考核價值觀。

因為，所謂公司，就是大家一起合作，把一件事情做好。當大家都往同樣一個方向一起努力時，協作前進速度會達到最高。

但是，如果在一個團隊裡，每個人對於前進的方向不一，甚至完全相反時，整個公司就會陷入內耗停滯不前。甚至員工的注意力，也會完全放在內部爭鬥上。這時候就完全無關於學習能力與專業技能了。因為即便這兩個能力再強，也派不上用場。

這是企業在徵才時的考量。但反過來說，很多員工在選擇工作時，並不是這樣選擇的。多數人在考慮工作時，優先考慮的是薪水高低與福利，而不是自己是否喜歡這個團隊的業務，或者價值觀適不適合自己。

才掉入了升級上的大坑。

## 人生第一個大坑在挑到一份自己不喜歡的工作或公司

　　為什麼以薪水與福利來選擇第一份工作是個大坑？因為這還牽涉到另外一個關鍵點。

　　我們在講升級時，往往只談技巧、資訊。但其實最關鍵的因素是時長。

　　手機軟體通常在你睡覺的時候升級，而人是在醒著的時候升級。

　　人的一天有 24 小時。扣掉睡覺的 8 小時，剩下的 16 小時可分為：

- 工作 8 小時

- 生活 8 小時

　　如果你選了一個自己不喜歡的工作，上班就會變得只是在敷衍老闆與同事，凡事只要做到 60 分就好。下班就猛打電動發洩，最後什麼都沒累積到。

　　而且，如果你選擇一個價值觀跟你不合的工作環境，光對付環境裡的敵意就非常累了，還談什麼升級呢？你會覺得自己是系統裡面的一個程式，系統卻把你當作一個病毒。還談什麼

升級，在公司累積經驗呢？

## 人生第二個大坑在多數人用 30 年前的攻略玩現在的遊戲

人生中的另外一個大坑，我認為是用 30 年前的舊攻略玩現在的新遊戲。

2016 年我在 Facebook 發了一則貼文，這篇貼文有 1750 個分享，是我的貼文裡轉貼數最高的。這則貼文內容是：

- 爸媽只是高等玩家，你不是他們的，你的孩子也不是你的。

- 多數人會對人生迷惘很正常，因為（爸媽強迫）你拿 1986 的攻略在打 2016 年版的資料片。你不會拿 2005 的魔獸攻略打 2016 的魔獸副本，那你為什麼會拿 1986 的攻略在打 2016 的人生副本？

- 沒人會在出新手村後瞬間傾家蕩產，在村口買房子駐紮當 NPC。

- 在新手村附近得不到經驗值再正常不過。你要升級，就得離開新手村。

- 換工作很正常，通常是因為能得到的經驗值變少了。不是公司升級太快就是你升級太快。情況通常是後者。

- 把錢投資在裝備上，讓經驗值更快速升級很划算。

- Lv. 1-30 的錢都可以忽略，快點換裝才是正常的。

- 要尊重自己的天賦，全力發展。天賦高的技能，可以讓你收到更多的經驗值與金錢。

- 不要選擇累積低經驗值的職業。

- 換大陸打怪很正常。

- 錢不重要，數值才重要。

- 攻略不是看的，而是練的。

- 在遊戲裡面，正常人不會把錢放在銀行、房子裡面賺錢。開副本賣東西，才會得到更多的經驗和金錢。

- 遊戲裡面錢多事少離家近的副本無聊到爆炸。所以，錢通常也不多。

- 一直在新手村裡面浪費時間，人家只會質疑你根本不會玩遊戲。

這也是我看待人生的眼光與核心玩法。我覺得在玩遊戲時，使出這些決策再正常不過，所以我在人生也這麼做。但很多人認為，我這樣的玩法驚世駭俗。事實上，我覺得別人用 30 年前的攻略玩現在的遊戲，才是驚世駭俗。

我常聽到朋友抱怨他的人生好累。上班工作很不開心，學不到什麼東西，房貸壓力很重，賺的錢又少。談升級簡直是奢望。

所以他們很羨慕我老是在玩自己喜歡的東西，又能賺到錢，上班又開心，還能不斷升級，而且很果決地挑戰各種事物，真是一個奇怪又幸運的人生玩家。

這是我幸運嗎？

我們不妨往前翻卡坦島的例子。這就像拿到磚塊木頭的玩家，一直想要使用小麥鐵礦的打法（還是 30 年前過期的攻略），羨慕正在使用麥礦羊抽卡的玩家。

朋友覺得我很奇怪，我才覺得他們奇怪。

明明現在是 2020 年，每個人卻拿 1990 的攻略打牌。

首先是社會上幾乎每個人都不知道自己為什麼要念大學，所以在 18 歲隨便選了個一個自己一無所知，甚至不一定喜歡的

科系。念完四年以後很沒成就感，也不想出社會。所以接著覺得念碩士好像比較有安全感，也不明究理的去讀了一個碩士學位。

最後不得以出社會了，又按照爸媽的期望，找了一個穩定但不喜歡的工作。幾年之後，因為「時間到了」，所以在家附近買了一間房子，再扛上 20 年房貸，壓斷自己所有的現金流。最後因為現金匱乏，做什麼挑戰升級都會覺得跟自己超邊緣。

先不論攻略是否過期。當你拷貝他人戰略，使用了不適合的打法時，你一天的 16 個小時中，就有 8 小時在敷衍對抗周遭環境，另外 7 個小時在按照 30 年前的舊攻略勉強掙扎。究竟要如何升級？

## ■ 如何快速升級：換環境，增加時長

在我寫出《打造超級大腦》之後，很多讀者最常問我，怎麼有無限的時間以及這麼多腦洞去改造自己。

在我聽過很多人對升級的抱怨之後，我才發現，其實大家最先需要改善的不是學習、思維技巧，而是先找到自己核心價值觀、優勢，才有辦法找到正確的攻略本，並且有時間升級。

那麼，我們要如何快速升級？

其實，若你找到了自己的核心優勢與打法之後，方法就相對簡單了，甚至，可能還會簡單到你想不到。

方法就是：

1. 換生活、工作環境

2. 交更好的朋友

然後把時間都壓注在上面。

這方法聽起來好像沒什麼幫助。但你想想，人的決策自始至終只有一種，就是蒐集過去經驗，然後在資料庫裡面找到匹配的答案。

那麼升級策略怎麼會不是：不斷用更多維度與更高維度的知識水準去提升思維？

如果你想聽高級版的雞湯名稱，這兩個方法就叫「**提升見識**」。

## 加入技術更強、知識流動性也更強的團隊

提升見識最好的方法之一，我認為就是換工作。而且還有兩個重點：

1. 選擇自己喜歡的領域

## 2. 加入很強且高速發展的團隊

選擇自己喜歡的領域這點的重要無庸置疑。

但為什麼要加入很強且高速發展的團隊？現在網際網路那麼發達，我在家鄉一樣可以自己練到很強啊？

曾經，我也是這樣想。一直以來，我認為讀書是提昇自己很好的策略，我的程式設計也是在網路上自學的。在這個時代出生，我覺得很幸運，因為網際網路是很好的槓桿。透過網路與書籍自學，在小島上我也能夠提升自己。

但這卻一直解答不了我心中的一個疑惑。透過網際網路，理論上能接收到很多資訊，理論上各國科技水準不會差太多。但為何矽谷的技術團隊就是能把亞洲的團隊遠遠甩在後頭，看不見車尾燈？

這個問題一直到 2012 年，我第一次出國參加舊金山的 Ruby 技術年會，才有了解答。我在會上遇到來自 LinkedIn 的工程師，雖然他在公司裡面只待了一年半，但在一些技術領域上，他顯然比玩了五年的我認識還要更深。於是我非常好奇他們的工程師訓練體系。

從聊天過程中，我發現矽谷的 Ruby 工程師多達數千位，

LinkedIn 自己就有數百位。但是他們強悍的工程背景並不是靠人數堆積起來的，而是靠業界工程師的高流動性。

常有某大神從 A 公司帶來某架構，另一位大神從 B 公司帶來某演算法。軟體業是這樣的，很多厲害的發明不是拍腦門而來，而是基於模仿，一版一版地反覆迭代上來。

矽谷的工程師夠多也夠強，機會也多。亞洲之所以技術上有很大的水準差距，歸根究柢就是技術人才、挑戰機會、流動性不夠。

我當時在台灣，也是看著書創業，但後來一直隱隱約約覺得自己好像鑽研方向錯誤，非常想知道創業的正確方法。

我想我是卡在自學的關係，所以乾脆讓自己的公司加入了矽谷的公司，讓自己從創業者變成在高速創業的公司裡面當技術高管。

這一年的矽谷實戰歷練，直接讓我的視野提升到一個新境界，磨練出增長駭客技術與創業商業視角。

## 居住在高度發展城市，與整個環境一起協作

「得到」創始人羅振宇曾在《羅輯思維》的 178 集「只有改

變才能看到未來」裡奉勸中國的家長，如果可以，就將小孩送到北京就讀，即便學校本身不夠好也無所謂。原因在於，小孩在北京讀書，實質上是活在北京的生活圈裡，這樣就足以升級。

對於考高考的家長，他只給一個建議：

家長應該考慮讓孩子到城市裡上大學，而且最好是位在郊區的大學。這樣孩子才能很快適應一線城市的生活，這是他讀大學必須要修的一個學分，即便起初學的專業差一點也沒關係。

因為他從張泉靈身上體察到一點：一個人想要進步，最好的方法絕對不是玩命地讀書，不斷地累積資訊和知識，而是讓自己置身在一個更優渥的環境裡。

比如說在北京、上海，或深圳，核心地帶的環境協作速度可以重塑你的生活感。你會因此熟悉如何高效協作，怎麼和人打交道，在你周遭的服務和產品怎樣高速地反覆運算。你會建立起一種全新的感覺，在不知不覺中，就已經完成升級。

本來我對這種言論半信半疑。這一集拍攝於 2016 年 7 月 14 日，當時我剛搬去北京一個月。但是四年後，不得不說，這是我人生成長最迅速的一段時期，好像活過 20 年一樣。

現在已經出版的書，都是在那一段時間磨練出來的經歷總

結。我這四年寫的書有不同領域，算上出版沒出版的有八九本之譜，而且還沒寫夠。

為什麼會有這麼大的改變呢？

1. 首先是北京是中國的首都，是全中國的一級戰場，最好的工作者都湧入這個城市，不管是要紮根落地，或是大賺一筆回鄉。這裡不管是白領還是藍領工作者，都是敢拚敢想能力強的人。與他們當同事或朋友，很難不被他們的拚勁與街頭智慧感染。

2. 中國在 2016 年以後盛行電子支付，在網路上萬物皆可交易。不只是用過的二手物品，只要你想得到的東西，不管合不合法的都有人買賣。其中交易最密集的品項是時間。當我們講時間時，指的是諮詢、跑腿、程式碼、雜務。你可以跟人買時間，讓他來幫你做事。你也可以出售時間，為人服務。我從一個在台灣永遠親力親為的創業者，變成一個用微信做生意，交易時間的熟練者。在微信上可以完全用錢搭建起一個陌生團隊，做完一個專案。

3. 因為北京聚集了很多機會，因此只要敢談敢提，都會非常有機會。我本來是個害羞的人，去了北京四年後，從

一頭羊變成了一頭狼。只要有想要達成的目標，一定想方設法甚至繞圈子達到，沒有不可能。

4. 每個人都在交易知識與服務，又遇到知識付費爆發期，所以我在這段時間的升級速度非常快。想要上的課都可以報到；想要諮詢的業務，只要價錢合適，都能找到神人解答。

5. 各國影音平台如 YouTube、Bilibili 有很多專業知識頻道。光是消遣打發時間，就能在無形之中吸收到全然不一樣的視角與專業高度。

如果不是親身住在這個城市裡面，很難用書本自學到這些價值觀，獲取這些資源，甚至學到「用錢交易時間」的概念。

## 升級越早越好，環境越挑戰越好

我並不是說，想要提升見識一定要搬到北京去。而是說，如果想要升級自己的大腦，最好最快的方式並不是看書，而是浸淫到最適合自己核心打法的環境，然後高速學習，快速升級。

這本書要談的是思維改造，但是我在這頭兩章花了很大的篇幅，梳理了升級思維最基礎的前提。

因為我希望你理解，你認為思維升級非常困難，不是因為缺乏技巧，而是你沒有認識到自己的優勢。也因為你待在一個不適合的環境，使用不適合自己的攻略，與不會提升的朋友交往。

如此一來，層次就很難提升。

只要你理解到「固有的視角」、「周遭的環境」、「盲目拷貝他人戰略」是升級的最大障礙，就有機會跨出去。

拆解眼前的問題

第 2 部

# 第 3 章

# 以二維視角取代一維視角

人類難以升級有三個原因：

- 用自己固有的視角思考。

- 受到周遭環境影響。

- 盲目拷貝他人戰略。

因為人類其實是一台極其原始的機器。以當今的電腦配備來比擬，人類的大腦更像是 30 年前的 80486 與 MSDOS。80486 是單 CPU 機制，而 MSDOS 是單 Thread 作業系統，一次都只能處理一件事。

所以我們的學習及解題速度非常緩慢，要靠著回去自己的資料庫裡找答案，或者拷貝周遭的戰略，然後一次解決一個選項。要是資料庫裡沒有答案，我們就會開始恐慌。一次面臨太多問題，拖延症就會出現。

## ▋ 該學習的不是多工，而是更瞭解自己的身體機制

　　我一直很愛看書，也不排斥冒險（在美國、中國上班創業過），所以，我在朋友圈裡面公認是資料庫儲備夠大的人。但是說實話，要追上這個時代，我也覺得吃力。

　　我真正的一次大升級是移居北京的時候。北京整個城市的訊息量巨大，真的讓我難以招架。再加上當時知識付費盛行，購買的課就有 100 多堂，書念也念不完。

　　於是我就在思索，是否有可以方法駭入自己的大腦，能夠更快速的學習，同時做更多的事。我試過一些保健品，一些記憶與效率課程，但坦白說成效有限。真正改變我的是另一個契機。

　　當時我在中國教程式設計。程式設計人人想學，而且願意付費學。但是市面上好的課程卻很少。再來，好的程式設計師也未必是好的老師，懂程式設計也未必懂教學。而且絕大多數頂尖的程式設計師都是自學的，更精確的說，是做專案練起來的。學程式設計最高效的方式就是由師傅帶徒弟練習。

　　我當時想挑戰帶一般人學程式設計。因為實際來說，一般

人學程式設計失敗率很高,加上學費昂貴。所以我在課前開了一個前導班叫「元學習」,教大家如何學習,用各種程式設計領域之外的例子,教會大家如何簡單學初級的程式設計。這堂課大受好評,吸引了很多人報名。

為了教好「元學習」與程式設計正課(兩者都是遠距上課),我花了大把時間鑽研學習動機、大腦原理,希望提高學成率。因此而發現了學習上的祕密。

最令我震驚的就是發現:

- 大腦是單工的。

- 大腦的效能很難提升。

- 大腦的注意力極為有限,幾乎也無法提升。

- 大腦的知識儲存空間有限,要是不及時編碼,會自動忘記。

- 人類解題的方式是靠關鍵字搜尋+記憶匹配。

- 人類的情緒會壓倒理智,因為處理情緒的優先權高於理智。

- 一件事常常出錯,是因為注意力不足。

- 人的注意力極其有限，所以多工一定會出錯。

正常人發現這件事可能會沮喪：原來我們是一台這麼破的機器，那還怎麼玩啊？

但是我卻很興奮，因為我在程式設計的一項專長就是調整程式的性能。所以，如果我知道眼前這台機器的極限，我反而容易修改演算法，優化到讓程式跑起來為止。

只要清楚知道效能界線，我反而有頭緒去修改演算法。

## ▌ 第一個嘗試：極速讀書法

在《打造超人大腦》裡面，許多讀者最喜愛，印象也最深刻的一個方法就是「極速讀書法」。這個方法真實有效。

因為所有人都有讀書（更新資料庫）的需求，但是下載資料庫的資料時卻痛苦不堪，留存率又極低。於是我提出了改良方法。

1. 把書本當 Google，在書內查詢關鍵字。

2. 不要下載整包資料庫（整本書）。

3. 找到的資料，寫在永久儲存空間（紙）上，而不是放入大腦記憶體。

4. 讀完書後，快速把資料燒回大腦（複述給別人聽）。

只是加上一些簡單的步驟，就可以讓一般人讀一本書的時間從兩天縮短到 30 分鐘，而且還能記得絕大多數的內容。

## ▌ 第二個嘗試：極速寫作法

研究出極速讀書法之後，我又產生了一個邪惡的念頭：既然已經破解了「讀書」這個領域，那我是不是可以反向破解「寫書」這個領域？

讀者看到這裡，可能會覺得我的興趣不太正常。

但是，身為一個得過 Facebook 黑客松首獎（比賽快速寫程式）的程式設計師，我的疑惑是，既然我有辦法在一天之內寫出一個網站。那麼沒道理在一天之內，不能用我更精通的自然語言「中文」寫出一本書來。

難道書不能像網站一樣，用架構的方式來設計嗎？所以我的第二個嘗試，就是破解寫作之謎。

改良方法是：

1. 透過常見問答找出常見問題，先確定章節架構。

2. 每一章的文本用比較快的錄音寫作，然後手打重寫。

3. 分開每一章的論點與故事。

    a. 整理出論點的快速寫法。

    b. 整理出說好故事的寫法。

4. 借用影片／簡報的分鏡原則，讓內容飽滿，並且能控制長度。

我陸續寫作和出版了幾本書，如《閃電式開發》、《打造超人大腦》、《遠距工作這樣做》，最後真的讓我練到一天寫完一本書 44000 字初稿的驚人速度。

## ■ 要如何發明不存在資料庫裡的解法？

我在前作裡解釋過「極速讀書」與「極速寫作」的詳細做法，本書就不再重複。

讀者讀過這兩個案例之後，都覺得能夠發明出這個方法非常神奇。因為這兩個做法是不曾存在過去資料庫的新方法。為什麼我有辦法腦洞如此之大，想出這兩個方法呢？

因為我想明白了，如果我按照從前的思路去買很多書，改造自己讀書、寫書方法，很可能在還沒找到正確的解決方法之前就先陣亡了（買太多「讀書」的書、又看不完、直接無限迴

圈）。所以我決定直接換一條路走。

後來果真證明這個思路是對的。因為若照傳統思維，按照正常資料庫更新的方式，真會走不到我想要的終點。

## STEP 1：蒐集潛意識的痛點

這個方法是有步驟的。原始靈感是來自我買書的經驗。我有固定逛書店買書的習慣，只是每次都抱回一大堆不是我原本要買的書，但是這些書卻解決了我原有的問題。

我在研究認知心理學之後，才知道為什麼會有這個現象。

因為在逛書店的時候，潛意識比我理智的大腦先一步看到這本書，它可能就是深藏在我心中的痛點。所以我才會買下來。

所以有可能我本來是要去書店裡面買書解決 A 痛點，結果卻買了 B、C、D 痛點的書，最後將它們分別組起來，解決了原先的 A 痛點。

這種情況不是偶然，日常中也常常出現。

比如說，有一次朋友向我諮詢關於公司內部士氣、協作糾紛、效率的管理問題。於是我問他，你們公司業績是不是最近下滑得很快？他大驚我怎麼會知道。我就說，一般來說賺錢治

百病，要是公司業績好，大家都能分到錢，誰還可能有管理問題，效率問題自然都忍著，甚至自動加班解決。公司不賺錢，大家就會每天吵。所以你根本不該解決管理問題，這是個死胡同，甚至解決了管理問題，公司反而死了。所以，歸根究柢你還是趕快解決業績問題吧。

也因為有了書店以及這個商業上的經驗，所以有時候我不急著去解決現在的問題，而是先去蒐集痛點。

## STEP 2：整理分類

從書店抱回一堆書後，我會將書籍整理分類，看看我到底是被什麼問題吸引購買這些書的。通常都可以發現我真正的問題不是 A，而是 B、C、D。

## STEP 3：按照優先順序執行

知道 B、C、D 是最大的問題後，也不需要馬上要套用解法。凡事總要有順序。

我會歸納出 B、C、D 的重點，按照實際需要的解法排列順序，一步一步執行，解決了原先的 A 問題。

# ▌破解拖延症

這個發現讓我無意中破解了造成拖延症的真正原因。

我們都想要高效率,卻沒有人可以逃離拖延症的魔爪。

人為什麼有拖延症呢?我發現主要有兩個原因:

- 因為要面對不知道難度,不知道長度,也不知道風險,還可能耗時的大案子。沒有頭緒要如何開始進行。

- 問題難度太大,潛意識對大腦發出警告,讓情緒一湧而上,造成了二度惡化。

在大腦決策機制的優先順序當中,負面情緒、負面記憶排在非常前面的優先順序。這是人類祖先流傳給後代的內建生存機制,遭遇危難要先逃跑,否則會死亡。

所以當我們需要解決困難問題的時候,第一時間總是選擇逃避。因為想要保護自己,不想讓自己不堪重荷而崩潰。

拖延症之所以嚴重,是因為潛意識用負面情緒攻占了大腦決策,阻擋了我們的行動。

而為什麼我們會害怕去解決問題,是因為腦袋裡面匹配不到明確的解法。

於是我在思考，既然負面情緒與潛意識速度這麼快、優先程度這麼高，那我們是不是可以反過來利用它？於是我用書店靈感改良了我的解題方法。之後遇到大問題，我的做法就改成：第一時間抱怨。

對，你沒看錯。就是在第一時間抱怨。這時候，你就會發現抱怨的力量。你會發現在一個會議裡面，大家聚在一起想解法，速度很慢又沒有效率。但是如果大家聚在一起抱怨，大概可以瞬間寫滿整個黑板。

收集到超多抱怨後，你就可以把這些抱怨反過來敘述，變成正面句子。很神奇的，就會產出了一堆有意義的解題方向。

接著我們可以再重新分類定義解題方向，你會發現，解法就開始莫名其妙浮現上來了。

## 以極速讀書法為例

就以「讀書」這個題目為例子。針對書太多，讀不完，記不住，我們可能會有這些抱怨：

- 讀一本書太費力。

- 書裡面有趣有用的部分太少。

- 邊讀邊在內心默念，很慢。

- 完整看完一本書很累。

- 讀完後面忘記前面。

- 記不住書中有趣的例子。

- 讀完很累，讀不完有罪惡感。

而將句子反過來，就會出現：

- 讀一本書太費力→找到輕鬆讀書的方式。

- 書裡面有趣有用的部分太少→只讀書中有趣有用的部分。

- 邊讀邊在內心默念，很慢→讀書不要默念。

- 完整看完一本書很累→不要完整看完一本書。

- 讀完後面忘記前面→找到可以記住關鍵內容的方法。

- 記不住書中有趣的例子→把有趣的例子抄下來。

- 讀完很累，讀不完有罪惡感→給自己一個讀不完卻不會
  有罪惡感的理由。

之後，我們再把這些正面句子放在一起看，竟然就會浮出
一些惡搞的解法。比如：

- 將書當成 Google 網頁一樣查就不會有罪惡感了。

- 不念完書，只查書。

- 只抄下有趣有用的例子。

如此，我們就發現了一個全新的問題解決方法。

## 將一維視角轉換成二維視角

人類解決問題的視角是單向式，而且有很笨的思考慣性。比如說一般人可以在 10 分鐘內看完一篇有兩三千字文章，並且記住三個重點。若是以同樣的速度，理論上：一本書若有六萬字，看完最快也要 200 分鐘，也就是 3 到 4 個小時。

但是我們一、沒有持續 3 到 4 小時看一本書的能量與注意力；二、短期記憶力最多也只能記 5 到 7 個重點。

所以鑽研快速看完一本書是個假議題。

但是許多人會以為，既然 A 問題可以這樣解，擴大版的 B 問題應該也可以用同樣解法，而不知道大腦系統其實有天然的限制。

就像我在前面章節提過的，原先我們在小問題上的直覺解法是 OK 的，可以在一台資源有限上的電腦跑。但是隨著問題

變大數倍，機器資源就變得有限。

再怎麼提升解法的效率，這台機器也不可能運作得出來。這才是走進死胡同的真正原因。

我們該做的是反向蒐集系統出現的問題，整理成一個新維度的解題方式，而不是在一個舊問題上用頭撞牆，撞到頭破血流。

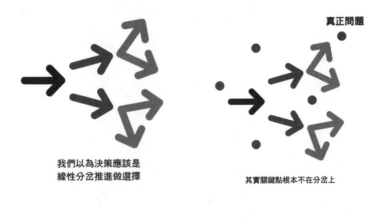

我們以為決策應該是
線性分岔推進做選擇

其實關鍵點根本不在分岔上

新的方法是點出關鍵點，連起新順序，
成為全新解決方法。

# 第 4 章

# 打開解決問題的黑盒子

身為一個程式設計師，我常覺得這個職業被高估了。外界常覺得程式設計師是魔法師，我們卻常覺得我們自己是「碼農」，用生命在農耕而已。

高薪的程式設計師有一個祕密，就是這個職業很短命。一般來說 22 歲出社會，到 30 出頭會是最高薪，35 到 40 歲之間就可能下崗，被迫轉行。

雖然程式語言從誕生到現在只有二三十年的時間，但是科技日新月異，大約每十年就會有新的應用方向，產生新的語言。而精通一門程式語言至少要 5 到 7 年以上的時間，但是程式設計師的職業壽命只有 12 到 18 年左右。

為什麼程式設計師的職業壽命這麼短呢？不像老師、律師、醫師一樣，越做越值錢呢？

打個比方來說好了，我覺得程式設計師比較像是職業司

機，程式語言就像車子。

　　一般人一步一步走路解決問題，而程式設計師可以開著車子，快速將你帶到目的地。所以程式設計師的薪水非常高，因為寫好一個程式，可以爆發的生產力是數倍到數百倍。

　　然而市面上一直會產出不同的車種，每種車的駕駛方法不一樣。比如說，雖然駕駛技術是相通的，但是家用車、卡車、垃圾車、巴士、聯結車的駕駛方法卻很不一樣。所以一個程式設計師會開 A 類型的車，不一定有辦法開 C 類型的車。

　　再者，寫程式不只吃技術，也很吃體力。年輕的工程師自然非常吃香，科技公司的老闆都知道，29 到 32 歲的資深工程師是 C/P 值最高的一群。如果 35 歲之後還是工程師，薪水多半不會隨著年資顯著提升，因為會有更年輕的工程師可以取代你。

　　這一行更殘酷的是，你會開的車型有可能會被淘汰。理論上你會開車，但實際上你在業界沒有車子可以開了。所以接下來的問題就是你要再去學怎麼開新車，如何跟 20 多歲的人競爭開車的崗位？

　　但是，會開車這件事還是很吸引人，畢竟效率可以比很多人高很多倍。

## ▌ 為什麼很難在程式學校裡面學會寫程式

我曾經開過程式學校，學生的口碑也很不錯。但是開程式學校這件事很令我頭大，因為做這件事很政治不正確，所以無論你教得再好，一定會受到攻擊。

第一個原因是擋人財路。程式設計師是一個高薪職業，高薪有兩個原因，一是提高產業效率，二是程式設計師野生居多，供應稀少。一旦你能成功供應大量的程式設計師，業界就會大大地跌價，原有的程式設計師就會不爽。這就像計程車司機會抗議 Uber 司機搶他們的飯碗一樣。

第二個原因是，學會開車，不代表就能當司機。

有的人來學寫程式，是因為想學駕駛技術。另外有一類人是想成為職業司機，而且目前占大宗。

但是教會一個人開車，不代表這個人最終能夠考上職業駕照當計程車司機，因為好司機還要具備其他條件，比如說要熟路況，要親切待客，要懂得做生意等等。

但是學生期待成為職業司機，業界看你的眼光也是這樣。坦白說，程式學校最強也只能帶人考上職業駕照而已，不代表這個人最後真的能當計程車司機，甚至保證賺大錢。

第三個原因就是對結果的期待不一。

程式學校目前多數還是以成為職業司機為導向，教授某一種車的開車方法，例如成為一個 Python、Ruby、JAVA 工程師。

事實上，很多人只是想要學會駕駛技術，並不是真正想去開車。

入門一套程式語言並且能解構問題，用這門程式寫出解答，我算過，大概要碰超過 100 個單字與知識點。所以很多沒碰過程式的一般人，剛入門就放棄。

因為這些學習者希望學的是如何解構問題，但是先要過學校課程那道困難的關卡，才能開始學解構問題。沒有人有那個美國耐心。

再者，很多程式學校的教學者其實不懂解構問題，更何況教人。

## ▉ 你該學習的是編程思維，不是程式語言

我後來發現，一般人跟程式設計師說想要學寫程式時，程式設計師往往理解的是他要學開車，去當職業司機。我通常會覺得對方薪水已經夠高了，沒事幹嘛想轉行。

但實際上，對方的意思只是想學開車而已。

但是，有辦法將特定車輛駕駛方式與駕駛技術的學習剝離出來嗎？

我認為是可以的。其實這個「駕駛技術」有個專業名詞，叫「編程思維」。

超強的資深程式設計師往往具有通靈能力。你跟他講目前遇到的困境，他能夠瞬間告訴你一個全新的解法，並且能夠拆解出細項任務、準確預估需要的工期、時間、人力調度，並且高效完成。

這個超能力，在一般行業的老師傅身上也有。你應該見過一些資深的水電師傅，甲級電匠，做工程時也有這些超強的超能力。

這種「通靈」能力其實就是編程思維。差別只是程式設計師能夠將所有的任務用程式語言連在一起，放在機器上，以千倍的速度跑起來。

只是，不管什麼行業，擁有這個能力的人往往不是學校訓練出來的，而是做過大大小小的任務，累積經驗淬鍊出來的，所以多半不懂教學。

## ▌「程式」不是黑盒子，也不是黑魔法

那麼，一般人要怎麼學「編程思維」呢？

首先來談談程式設計師跟一般人看「程式」的角度，其實兩者有很大的不同。

第一個最大的差別：一般人覺得「程式」是一個很大的盒子，但是在程式設計師的眼中，程式只是一大片程式碼而已。

程式設計師眼中的程式

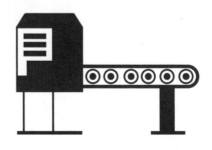

一般人以為的程式

但「程式」並不是一個巨大的盒子。更精確來說，是一連串小盒子組成的具體生產線。

似乎是一條神祕的產線

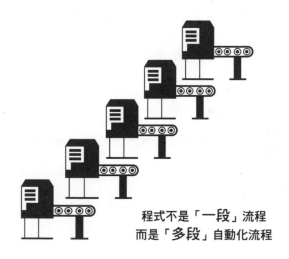

程式不是「一段」流程
而是「多段」自動化流程

實際上在程式設計師的程式碼庫裡面，「程式」是以多段程式碼的形式存在。

而在程式設計師眼中
是「多塊」串接在一起的
程式碼

更讓人驚異的地方來了。很多人認為網路公司應該就是一個用程式碼庫運作的地方，實際上網路公司的運作更可能是這樣：

真實的網路公司不是「全自動」流程
而只是「部分業務」自動化

網路公司裡面的流程並不是全部自動化。我甚至還遇過這樣的情形：

號稱自動辨識的
網路公司

我在開設比特幣交易所的時候，對交易所的每一個帳號都要進行 KYC（Know your customer）。原本作業流程是讓客服部門人工審核客戶證件，但是後來用戶數量實在太大，於是我們去找到了一間號稱用電腦自動辨識證件真假，後面有 AI 人工智能的公司，一張證件辨識費用收費一美元。

因為公司的業務量真的吃不消，於是我們只好忍痛採用這種高效的自動服務。

後來我們發現這個服務有些問題，有時候會被一些惡意客戶用一些低級手段騙過。照理來說，電腦應該可以抓到這些低級錯誤才是。

後來我跟業界打聽，才發現這間公司才不是什麼人工智能公司。他們做了一個程序化接口，後面是外包到印度用人工審核，所以才過濾不出那些低級手段。

會出現這樣的情形有幾個原因：

1. 程式語言不能夠自動解決世上 100% 的問題，某些關鍵問題還是需要人工判斷。

2. 某些問題用電腦解決費用昂貴，不如用人工執行。

3. 甚至是算法太困難，以現在計算機科學的程度還做不出來，但用人眼就能判別。直接就由人去執行。

沒有寫過程式碼的人往往會以為，把問題外包給程式設計師，應該能夠做出一個黑盒子，完美解決他遇到的所有問題。如果解決不了就是這個程式設計師的問題，或是能力不夠。

事實上，程式的世界不是這樣運作。

## ▌ 輸入、處理、輸出

程式不能 100% 解決所有問題，但我們可以把問題拆成小塊來執行。要怎麼做呢？

2020 年我心血來潮，想做一個更簡單的程式設計課（直接就叫「不用寫程式的程式課」）。原本教材都寫好了，但我不確定適不適合大家使用，於是發了一個問卷，問大家想解決什麼問題。結果問卷回收後我驚呆了，因為大家想要解的問題跟我想的完全不一樣，準備好的教材只能作廢。

大家提出的問題例如有：

- 收到各種繳費單後自動去繳費。

- 印刷廠電話詢價的報價服務。

- 藥師收到處方簽配好藥，提醒病人回來拿藥。

- 商務拜訪時收到的名片做後續跟進。

- 跟客戶提案，安排老師教學。

- 整理公司報帳單，分析預算花費。

- 病人看診問診的判斷分類，後續衛教追蹤。

- 為報名旅遊團的客人安排行程，通知出團。

這些問題可能不只是我傻眼，你們看到肯定也傻眼。這些問題都能用程式解決嗎？

可以。

經過整理，這類問題其實都是一樣的。

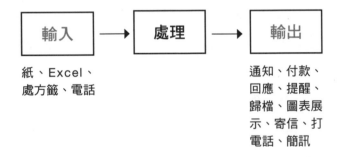

比如說藥師：

印刷：

客戶電話詢價      分析需求      回電報價

報帳：

助理上傳收據      分析登記      產生對帳報表

「輸入、處理、輸出」這一串動作有個名字叫**流程化**。

而我們認為的寫程式，其實是

**程式設計＝問題分解＋流程化＋自動執行**

而一般人對工程師說他想學寫程式時，重點往往會放在自動化。

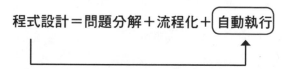

但我認為，一般人其實缺的是問題分解＋流程化的思維。

如果你只是要提高效率的話，只要問題能被分解，並且流程化，光這麼做就足以節省成本，工作變得更有效率。

比如說找工讀生取代昂貴的部分：

高效＝問題分解＋流程化＋手動重複執行

## STEP 1：標準化輸入

那麼，我們要如何將問題具體流程化呢？我認為第一個步驟應該是將問題的輸入輸出的接口明確化。意思就是將各種問題的輸入形式明確出來。比如：

- 收到各種繳費單後自動去繳費。

- 印刷廠電話詢價的報價服務。

- 藥師收到處方簽配好藥，提醒病人回來拿藥。

- 商務拜訪時收到的名片做後續跟進。

- 跟客戶提案，安排老師教學。

- 整理公司報帳單，分析預算花費。

- 病人看診問診的判斷分類，後續衛教追蹤。

- 為報名旅遊團的客人安排行程，通知出團。

梳理出：

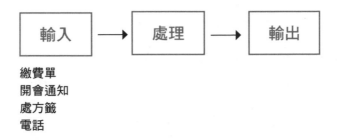

繳費單
開會通知
處方籤
電話

接著我們將這些輸入標準化。以業界常見的形式，你可以將這些形式變成 Excel。

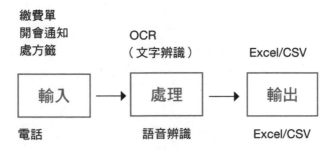

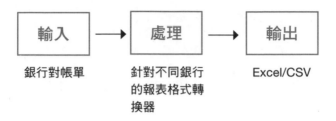

## STEP 2：資料庫化

　　為什麼要將檔案轉成 Excel ？因為這是地表上最流行也最簡單的資料庫形式。不僅 Excel 本身就內建資料庫功能，程式設計師也有許多 Excel 轉檔成資料庫的方法。

　　一旦輸入標準是資料庫形式，後續就可以將需求批次處理。

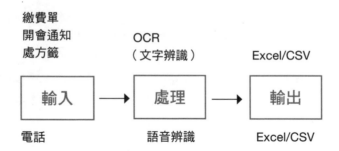

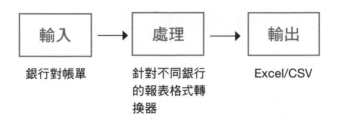

輸入　　　　處理　　　　輸出
銀行對帳單　　針對不同銀行　　Excel/CSV
　　　　　　　的報表格式轉
　　　　　　　換器

　　一旦將輸入資料庫化,那麼「處理」這一部份的資料庫就能解決很多問題。

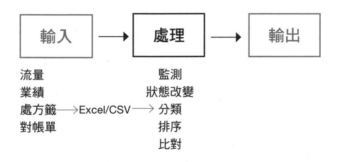

輸入　　　　處理　　　　輸出
流量　　　　　監測
業績　　　　　狀態改變
處方籤──→Excel/CSV──→分類
對帳單　　　　排序
　　　　　　　比對

## STEP 3：將資料庫接到輸出軟體上

雖然我們有不同的輸出需求。

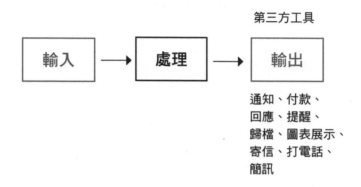

因為業界有很多的現成的應用程式介面（API）。只要你有資料庫，要批量做這件事情就不難。

這個過程可以不用寫程式，找工讀生取代都行。如果你的流程工讀生都能做，那才表示程式能做。因為程式就是用來取代工讀生的。

其實，當工程師在聽你的需求時，他腦袋裡面想的就是如何分解成這樣的流程。

當程式設計師在聆聽需求

其實是在釐清整段流程的
「輸入」與「輸出」

程式設計師做的,就是將這個過程不斷往下拆。

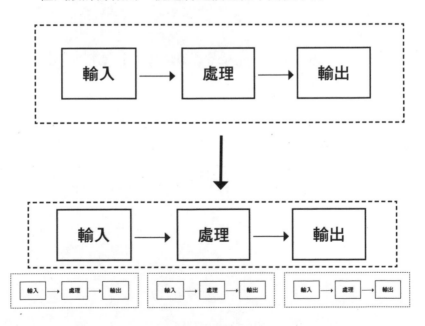

最後將這一塊一塊盒子化為程式碼。

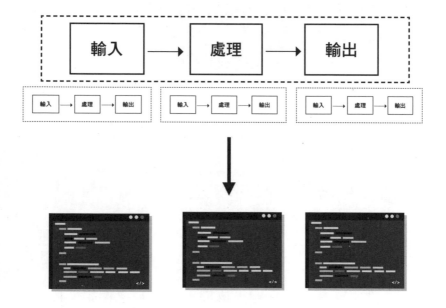

打造超人思維

# 第 5 章

# 將問題拆分之後重組的
# 編程思維

要如何用編程思維來拆解日常生活遇到的問題呢？

## ▌ 將英文書翻譯成中文書

　　一直以來，英文書的觀點就是比中文書稍微新穎一點，快一點。但是翻譯一本書需要時間。看過《打造超人大腦》的朋友應該都知道我有一套黑科技，能夠將剛出版的英文書翻譯成中文。

　　這種黑科技是怎麼想出來的？

　　我這裡就講解一下大概的思路，其實是輸入→處理→輸出的思維。

接著定義輸入與輸出的格式。

輸入　　處理　　輸出
英文書　　　　　　中文書

我們手上只有一個工具叫做 Google 翻譯，但是 Google 翻譯的字數上限是 5000 字。

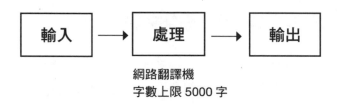

輸入　　處理　　輸出
　　　　網路翻譯機
　　　　字數上限 5000 字

然後可以重新定義「什麼是英文書」？它可以是 20 篇英文文章。而「中文書」，也可以是 20 篇「中文文章」。

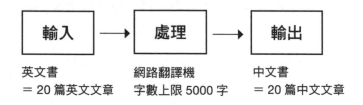

輸入　　　　　　處理　　　　　　輸出
英文書　　　　　網路翻譯機　　　中文書
＝ 20 篇英文文章　字數上限 5000 字　＝ 20 篇中文文章

只要最後把結果壓成一本書就行了。

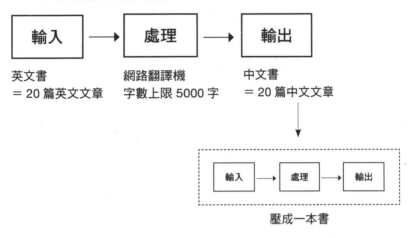

壓成一本書

那麼，要如何取得英文書的 20 篇文章呢？

其實也是相同的道理：再往下一層拆「輸入→處理→輸出」。

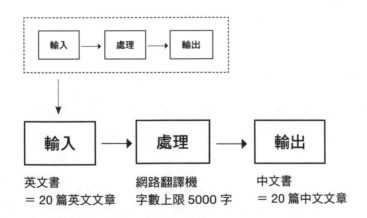

這個問題又可以被分解成三種不同做法，看你的技術高低。

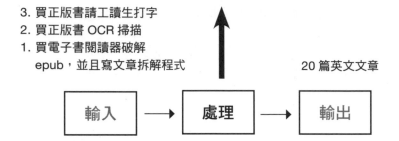

3. 買正版書請工讀生打字
2. 買正版書 OCR 掃描
1. 買電子書閱讀器破解
　epub，並且寫文章拆解程式

20 篇英文文章

輸入 ⟶ 處理 ⟶ 輸出

這個問題可以用高科技解：

自己寫破解程式，把文本抓出來，自動接到 Google 翻譯上，然後用程式自動組成一本書。

也可以用低技術的解法：

買一本正版書請工讀生打字，貼到 Google 翻譯上。再讓工讀生將翻譯結果複製貼上，變成一本書。

不管用哪種方法都解決了問題。關鍵在於怎麼去拆解問題，並且將它流程化。結果只有速度與準確度上的不同。

如果你不懂寫程式，你可能認為這是一個黑盒子。實際上這個問題可以拆成 6 個以上的盒子，端看你要整個程序多自動多省力。

# ▌批量產生高品質財經文章

舉第二個例子，我把難度提高一點。

我有間財報分析公司，裡面有個部門負責經營公司的微信公眾號。一個公眾號（你可以理解成臉書官方帳號）要有人訂閱，必需要有高質量的文章。

但是這個部門的產出進度不順，花了幾個月時間沒有做出什麼成績。即使找來幾個文案寫手，品質仍然差強人意，內容不好，自然也得不到多少點閱率。大家很氣餒，紛紛跟我抱怨這是項不可能的任務。

結果我花了一兩周，就用編程思維解決了這個問題，不僅如此，還得到翻倍的點閱數與訂閱量。

## 原始命題：打造一個高品質的專業官方帳號，文章品質好，容易引起轉發。

原先內容部門的想法是，打造好的公眾號的先決條件是內容要好，文章結構要好。於是他們想招聘有財經背景的人來寫公眾號。但是實際執行後發現不可行，因為有財經背景的人，賺的錢遠高於新媒體的工資，如果只找對方來寫稿，根本請不起。

於是他們換了一個想法：找有寫公眾號經驗的人來寫財經文章。人是找到了，但是遇到更大的難題。因為熟悉新媒體的寫公眾號的寫手學財經的速度太慢，就算能寫出文章，內容往往也錯誤百出，更搔不到痛點。所以寫出的文章也不能看。

後來同事把主意打到外稿身上。外面肯定有作者非常熟悉財務知識，寫作速度又快。但是合作了一兩篇之後，就覺得這樁買賣實在太虧本了不划算。更何況，就算不計稿費與點閱效益，外稿寫手也不可能高產量天天供稿。

所以內容部門一直很苦惱，找不到適合的寫手，又寫不出能增加點閱率的好文章來。

| 一般人思維 | 實際上 |
|---|---|
| 找有財經背景的人寫文章<br>找有寫官方帳號背景的人寫財經<br>找厲害的人來寫文案<br>找三合一的人加入 | 招不到三合一的人<br>招不到厲害的人<br>單人產量有限<br>選題＋寫完，一天就過去了 |

## 步驟 1：重新定義 KPI

接手這個問題後，我重新定義了這個問題，搞明白這個問題要達成什麼樣的目標？然後發現目標有兩個：

• 文章要高品質。

- 文章要高產量。

將這個大問題梳理下來，發現本質上要解決的就是「品質」與「產量」問題。

不過我發現，產量的問題最嚴重。

因為每天都要更新內容，於是內容組天天寫文章，甚至是當天寫，當天上稿。然而因為寫作能力有限，光選題、寫作就耗了一天，寫出來的稿自然也就普普通通，難怪素質無法提升。

## 步驟 2：一次只解一個問題

我去觀察了其他公眾號，發現其他帳號並沒有每天更新，多半是一周上兩次稿。如果一周更新兩次，事情就簡單好辦了，因為可以降低寫文章的強度。

不過備稿的問題還是沒解決。當天發的文章都還是當天寫，自然無法要求品質。所以解決問題的第一個重點應該是要求有備稿，有備稿才能買到時間，好好打磨文章。

但我們不能奢求一次解決多個問題，所以先解決產量。

## 步驟 3：將 KPI 數字化

我計算了一下需要多少備稿量。如果單周雙發的話，七倍的稿量應該會足夠。要準備好 14 篇稿子，而公司裡有三個文案，每個人在一週內寫五篇，應該就會有足夠的稿量。

**問題：如何做到高質量、高產量？**

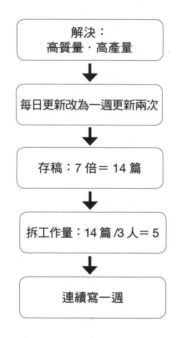

解決：
高質量·高產量

↓

每日更新改為一週更新兩次

↓

存稿：7 倍＝ 14 篇

↓

拆工作量：14 篇 /3 人＝ 5

↓

連續寫一週

## 步驟 4：提升產出速度

理論上，三個人，每個人寫五篇，應該就能囤積夠用的稿子。但實際上不是。這三個人都沒有財經背景，一天光要產出一篇夠水準的文章都有問題。

我發現，他們一天寫不出一篇好文章的問題在於三個關鍵點：

- 選題（不知道選什麼題目）

- 財務知識（本身沒有財務背景）

- 寫作速度（有財務背景的寫手太貴）

於是我將這三個問題逐一拆開解決。

首先是選題問題。我讓同事搜集了大約 40 個有趣的題目，並且將題目分類。這樣就確保了「選題問題」，保證題目都是大家想看的。

再來，小編本身沒有財務背景，所以有行文上的困難。有財務背景的人，文筆卻又不夠好。

於是我將這兩件事分開。每天下午兩點半找熟悉財報的人，選三個題目深入解答授課。同事將課程錄音後轉成文字稿，再編修成文章，這樣能夠快上許多。

果然經過這樣拆解，文案組同事很快就產出了一堆文章。

不過下一個問題來了。雖然文案組能寫出夠專業的文章，但是下出來的標題不吸引人，結構也不夠精采，更別說要讓人轉發。

於是，下一個課題就是去解決「提高品質」這個問題。

## 步驟 5：提升質量

一篇文章，要能夠稱的上是好文。有三大重點：

- 題目吸睛

- 內文好看

- 看完認同轉發

但是公司內沒有寫熱門文章的高手，讓他們去上寫作課，又緩不濟急。

於是我想了一個妙招。上網找了兩本書，一本專攻標題寫作，一本專攻內容寫作。把書拿給內容組同事看，並規定他們要用極速讀書法寫心得筆記。

他們一看完這兩本書，下午刊出的文章品質就大大提升了。因為這些書不僅傳授核心技巧，更有寫作模版。

## 步驟 6：重新調整順序

　　一般人解決事情，往往是對著問題蠻幹。失敗了就崩潰哭訴問題太難。

　　而編程思維是先將大問題拆分成具體的小問題，然後再將小問題分類，找出解決辦法。

| 一般人思維 | 程式設計師思維 |
| --- | --- |
| 找有財經背景的人寫稿<br>找有經營官方帳號背景的人寫財經<br>找專家來寫文案<br>找三合一的人才加入 | 產量　備稿<br>　　　選題、調查、寫作<br>質量　題目<br>　　　結構 |

　　手動重組順序，最後再將過程自動化：

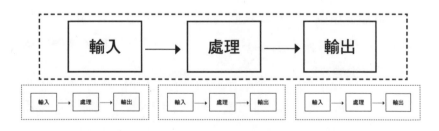

選題→口述→寫作→下標→調整內容→調整排版

### 步驟 7：變成新的內容工廠

按照這個新流程，內容組順利了累積了幾十篇文章的原始材料。而我們進一步針對每一個運營模式，做出了不同的運作模版。以後要製造內容，只要挑選出適合的原始材料，套上模版，就可以組成不同的產品。

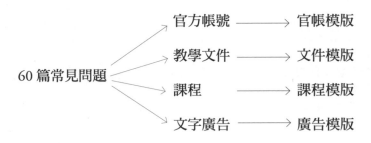

## ▌ 醫師如何批量寫衛教文章

好幾個來上我的程式課的醫師也問了類似問題。看診病人的主訴都很類似，醫師問幾個問題就大概知道病人的問題在哪裡了，需要做的衛教也差不多。每天重複這個流程，他們都累了，所以很想知道：

1. 有沒有一個簡化的流程，可以讓病人輸入主訴，由機器自動判斷？

2. 有沒有更高效整理衛教文章的方法？

我說這還不簡單，其實也是用類似的解法。

一般來說，看病的流程是這樣：

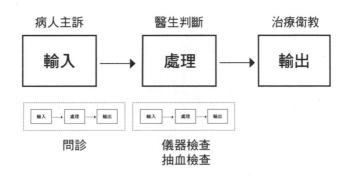

這樣一來，醫生根本不用改變任何流程，只要先在診間花一週的時間錄音，整理出最常見的主訴，寫下最常來求診的病人症狀，就可以整理成一張清單了。

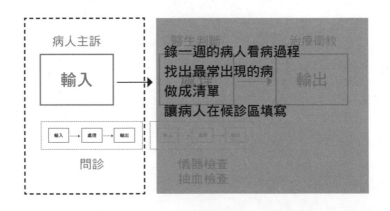

整理衛教文章就更簡單了。也要在診間錄一週的音，醫生整理出最常見的主訴，然後花一點時間整理出最常用的衛教稿，就是一張一張的衛教單了。

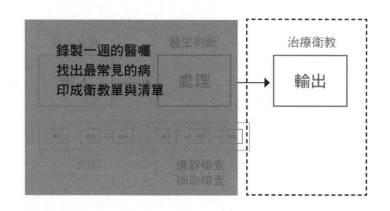

而這樣做不用寫一行程式，也不用額外占用大量的休息時間。需要的只是一支錄音筆，以及一套錄音轉寫程式。

## ▌ 編程思維＝拆解＋重組

這樣整理下來，你會發現資深程式設計師的思考順序是這樣：

1. 使用者要達成什麼目的？

2. 拆解當中有多少個難題。

3. 先解決掉可以拆的難題，不能拆的就繞路走過，以後再解。

4. 不能拆的問題是否可以重新定義範圍，將 KPI 數字化，變成有解的題目。

5. 把分解出來的答案重新連結起來，組成一個新的自動順序。

最後，反覆改良其中的流程，直到達到自動化。

為什麼資深工程師與資深工匠都能以閃電速度給出合理的解答，並且可以準確評估、難度、時間？是因為他們在腦袋裡已經做過這個流程無數次了。

# 第 6 章

# 創新不是拍腦門

　　企業與人生中最難的課題就是成長創新。有什麼方法可以系統性創新呢？

　　對此我想舉一個企業界耳熟能詳的例子 Netflix，解釋並拆解 Netflix。

　　Netflix 可以說是當代最創新的企業，最早也是靠租 DVD 起家，後來成功轉型串流服務，打敗百視達，可謂抬面上的熱門企業，競爭紅海中成功創新的佼佼者。

　　當然，百視達最後被打敗了，現在 Netflix 又在往哪個方向前進呢？

　　Netflix 近年來瘋狂做起自製電影和影片，還不斷實驗互動式多結局影片、仿真動畫片等，燒錢不手軟，燒到投資人非常憂心。

　　這是什麼策略？

## ▋ Netflix 的第一段逆襲：突破使用者痛點奪下市場

Netflix 的第一段故事大家耳熟能詳。但是 Netflix 真的只靠串流這麼簡單就打敗了百視達嗎？

理論上百視達也能做串流不是嗎？消費者使用習慣轉變時，每家廠商都能做串流服務，憑什麼最後贏的是 Netflix ？

當時，做串流並不是一招那麼明顯的路。反而是一步險棋。直覺上大家都認為網際網路服務沒有邊際成本，但是在網路業這行，成本最重的就是頻寬。所以當時 Netflix 還是間小公司，卻投入串流平台時，很多人覺得他們在冒超大風險。

但 Netflix 為什麼敢燒錢，從租借 DVD 毅然轉型成串流平台？

但，不管是第一段的燒錢轉型串流策略，還是後來的自製影片策略，Netflix 一直以來表示這不是什麼問題。他們只有一個目標，就是增加訂閱戶，然後問題就會自動解決。

一般人看到這裡往往不是很理解。因為每個網路公司也都是這麼說，還是有很多公司燒錢燒到最後倒了。Netflix 憑什麼成功呢？ Netflix 還採吃到飽模式，理論上應該更花錢，更回不

了本。為什麼反而能逆襲奪下市場呢？

用一般理論可能說不通。但這裡有一個詞「吃到飽」，用這個關鍵字下手去拆解，各位讀者可能就看得懂。

丟開看片這件事，我們將這件事情抽象化。你會發現Netflix本身很像吃到飽餐廳。人需要吃飯。同樣的，注意力也需要被滿足。

以前吃飯的時間是固定的。比如說每個人都是固定晚上六七點下班，週末休假。當時就是租DVD消磨時間。

所以以前的影集是一周播一集。但是隨著上班型態改變，科技型態改變。很多人晚上八點看不了劇。回到家都十一二點了，只剩深夜秀，非常悶。

用比喻來說：作息時鐘改變了，所以沒辦法在晚上八點開飯，到了晚上十一點，餐廳只剩麻辣小龍蝦。

所以人們會怎麼做呢？他會去買冷凍便當。也就是變通方法，去抓隔天出字幕的盜版影集，或者是乾脆等全劇播完一次看個夠。

所以Netflix的看片特點就如同隨時可微波的便當一樣，隨時可吃，還可以一次吃七個便當。

# Netflix 如何打敗百視達？

當然，Netflix 也不是一開始就這麼厲害，一開始他們也是一間草創小公司。

在很久以前，VHS 與 DVD 還盛行時，大家都是開車到百視達去租片。當時是單片出租，有嚴格的時間限制，並且有高額違約金。

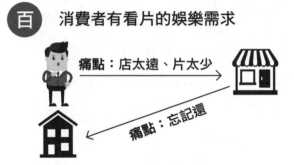

百　消費者有看片的娛樂需求

痛點：店太遠、片太少

痛點：忘記還

Netflix 剛創業時的角度，從消費者的痛點切入：

| 百視達 | Netflix |
|---|---|
| 需要開車去租片<br>租不到冷門片<br>逾期寬限時間短 | 寄給租片者，並且可以郵寄返還<br>租得到冷門片<br>逾期寬限時間長 |

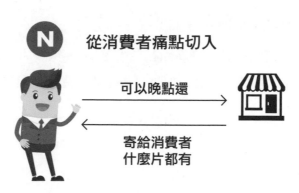

從消費者痛點切入

可以晚點還

寄給消費者
什麼片都有

第一個角度：消費者去固定門市租片

| 百視達 | Netflix |
|---|---|
| 租熱門片有庫存問題<br>位置遙遠<br>逾期要繳罰金 | 可以租到冷門片<br>逾期可寬延較長的時間 |

這使得 Netflix 先取得了市場的一部分份額，但還不足以擊敗百視達。

## ▎ Netflix 擊敗百視達的轉捩點：15.95 USD 無限租片

Netflix 真正打敗百視達的設計，是將單片租借制改成了吃到飽模式。消費者只要付 15.95 美金，手上可以同時有四部片子，沒有還片期限。還一片就可以再借下一片。這一步棋徹底

解決了消費者的痛點。

原本消費者最大的痛點在於「還片」。很多人不是不想還片，而是真的沒有看完。但是百事達的還片機制設計很死板，逾期金很高。

Netflix 一舉取消了逾期金這件事，並且改為月費吃到飽，讓消費者覺得十分划算。

每個月繳納固定費用這件事還大大保障了 Netflix 的現金流。自此以後，Netflix 業績開始大幅增長。

## ▌ DVD 租賃改為串流

後來隨著科技進步，Netflix 決定開拓線上串流市場。起初因為頻寬昂貴，這項業務非常賠錢，許多股東也非常不諒解。

但是，Netflix 毅然而然地轉型，從 DVD 轉型線上主要解決了兩件事：

- 消費者租片更快，隨時隨地能看片。

- 消費者只需要租片，再也沒有還片環節。

Netflix 在起步時，用了三千萬美金與 Starz 談了 2500 部電影與影集的播放權利。四年到期後，Starz 將續約費用提高到

三億美元，Netflix 拒絕了。

Netflix 自己不擁有影片版權，與第三方談授權時間與授權部數的痛點是：片庫有限，消費者始終會看完站上的熱門片；會被電視台或片商掐住喉嚨，版權續約費用昂貴。

所以 Netflix 有一陣子新增了大量脫口秀喜劇節目、紀錄片、老影集。因為這些片子版權費用低，而且深受消費者喜好。

Netflix 摸清楚消費者需求後，又開啟了另外一環的變革。

## ▌Netflix 的第二段逆襲：重新發明好萊塢，解構電影拍攝成本

那麼，Netflix 現在狂拍自製片又是怎麼回事呢？這是因為影片的授權費用實在太高了，Netflix 在想有沒有降低成本的辦法。

消費者一直有看好片的需求。然而，好片的定義是什麼？

一般來說，「好片」可以拆解成兩個元素：好演員＋好劇本。

而有名氣的好演員（如鋼鐵人）一般來說非常貴。

如果深究下去，好演員是指演技好嗎？也不單純是。好演

員可以分成三種類型：

- 演技好

- 名氣大

- 會引流

同時具備這三項優點的演員片酬超高。如果找「會引流」或「名氣大」的演員來演自製影片，成本是否就能降下來？

所以 Netflix 近來大量了啟用漫威宇宙的演員（如美國隊長、獵鷹）來拍自製影集與電影。他們雖然名氣大，但是漫威給他們的片酬相對來說較少；Netflix 不但給他們不錯的片酬，加上 Netflix 可觀的觀看量，登上 Netflix 舞台有助於他們的曝光率。

這樣做不只讓影片成本大幅下降，漫威宇宙演員的噱頭，也讓這些自製片引起更多的注目與話題。

再來談談好劇本。

好劇本的定義見仁見智，並非劇情高潮迭起才能稱為好劇本。

在串流平台上，能夠吸引用戶一直觀看的節目反而是喜劇、烹飪節目、懸疑紀錄題材。

因此 Netflix 推出了由鋼鐵人導演強法洛主持的烹飪節目，首集竟然有許多漫威演員出鏡，如鋼鐵人與蜘蛛人，吸引了許多粉絲觀看。這是非常擦邊球的行為，因為小勞勃道尼拍一部影集要五千萬美金片酬，他上這個烹飪節目要給他多少片酬？

可能連五萬美金都不需要吧。

但是在 Netflix 觀看時數上，鋼鐵人與做菜節目一樣都是消耗觀眾兩小時。

本質上，消費者有消費好內容的需求。從以前每天一次坐在電視機前面觀看，到現在可以每天數次，在家中各個角落觀看。

Netflix 就是一個渠道商。第一階段致力於消費者更容易取得影片，更少麻煩；第二階段致力於讓好內容取得的費用更便宜。

## ▋ 奇襲神招：小龍蝦炒飯

我總喜歡笑稱 Netflix 實際上是開「小龍蝦炒飯 Buffet」。這是什麼意思呢？

我們已經理解 Netflix 本質上做的是餐館生意，現在來拆

解，為什麼一般的海鮮吃到飽不怕顧客吃倒？

市面上的海鮮總匯吃到飽為什麼能獲利？因為這些吃到飽餐廳的背後股東通常有自營漁船。老闆等於用成本價倒貨在賣海產，比賣到市場去合算多了。而且店面是收現金，如果是賣給超市，要等 90 天才能收款。

所以 Netflix 表面上是連鎖吃到飽餐廳，本質上是直銷海產倒貨。

那麼 Netflix 只收月費，如何解決愛吃的大食客問題？這也是開吃到飽餐廳老闆會擔心的一件事。真有大食客來狂吃高價海鮮怎麼辦？

解決的方法更簡單了。

雖然 Netflix 號稱自己是高級海鮮吃到飽（都是好萊塢一線影星拍的片）：

1. 沒人進店就一直狂吃龍蝦，光吃龍蝦也會吐，通常也會嘗試其他菜色。

2. 吃到飽餐廳往往菜色多元，會推出很多便宜好吃的品項去墊滿顧客的胃。比如說港式茶點。客人往往在店裡吃多一點低成本的腸粉、炒飯、蘿蔔糕，瞬間就吃飽了。

比如說我有時招待爸媽去海鮮總匯吃好料，我爸爸每次去拿的都是炒飯炒麵……

所以 Netflix 的手法就是號稱自己店裡有賣波士頓龍蝦，而且可以吃到飽，吸引了越來越多人來餐廳吃飯。但是實際上餐廳裡供應最多的是小龍蝦炒飯。

所謂的小龍蝦炒飯就是 Netflix 的自製劇。

比如說漫威宇宙裡面的獵鷹，他被找去演 Netflix 自製的《黑鏡第五季》。內容是兩個黑人死黨一起玩一個虛擬實境的快打旋風，在遊戲裡各為男女角。兩個玩家打著打著，在遊戲裡面肉體出軌起來。但是在遊戲裡面的床戲並不是由獵鷹出演，而是一對沒什麼名氣的亞洲男女演員。你以為會看到獵鷹的床戲，結果卻是……這不就是波士頓龍蝦與小龍蝦炒飯的情況嗎？

我再舉個例子。Netflix 還有一部自製電影《可能還愛你》，做法也非常巧妙。這部戲的男女主角是兩個亞裔脫口秀喜劇演員。他們在喜劇圈裡面蠻有名氣的，但對是一般觀眾來說可能很陌生。如果這部片只有他們兩個，話題性並不高。於是 Netflix 很聰明，找來大明星基努李維「免費」客串，而且預告片重點還是基努李維與其貌不揚女諧星熱吻這種人神共憤的片

段。果然讓這部片引起熱烈討論，收視率亮眼。

如果你是 Netflix 的愛好者，看到這裡你會開始覺得這家公司真是神，套路深不見底。

## ▌ 創新的切入點與你想的不一樣

如果不是這樣逐項解釋，你可能會覺得 Netflix 的兩次策略真是神機妙算，甚至還讓人摸不著頭緒。

其實這也類似我們在前兩章談的論點。一般人對創新有所誤解與錯覺，認為創新是憑空出現。

為什麼我們總覺得能夠創新的人擁有超能力？因為創新的解決方案並不存在過去的資料庫裡。你會覺得新方案很神妙。

但是從另一方面來看，新方案解決固有痛點的方式都是一般人能想得到的方式，可能只是用了新科技加上重新排列組合的解決方案而已。

Netflix 的創新不是拍腦門，而是另外一層的換維手法。

它不跟現有敵人在原有的 DVD 紅海競爭，而是將所有的痛點抽出來，沿著「現代載具」（手機）打造解法，形成了方便使用者看片的優勢。

而現在的重新發明好萊塢計畫，也是將「拍片成本」的「痛點」抽取起來，利用解構製作成本（明星、劇本）以及觀眾喜好（喜劇、紀錄片、獵奇片、漫威明星）大數據的優勢，形成在製作費用上巨大的成本優勢。

　　在「創新競爭」領域，我們通常只會關心對手做什麼，我們就做什麼，去拚價格、品質、速度。這是直線式思考的競爭。

　　但其實，針對創新議題真正該做的是切碎與重構。解構用戶的需求，用新科技打散原本方案的時空與方案結構，搞不好可以找出比原有方案效率更好十倍的嶄新解法。

# 第 7 章

# 跨界找到新答案

這個時代不只科技爆炸，時代變更讓人的焦慮擴大。另一方面，「跨界」興起也讓人感受到如山高的壓力。

「跨界」這個名詞漸漸悄悄地在這個時代形成趨勢。

一方面是學習一門手藝的門檻好像降低了。找到一個老師，新學一門技能沒有那麼難。另外一方面因為科技進步了，如果只會一項專業，有可能會莫名其妙就被機器取代或遭到時代淘汰。所以，跨界組建新的競爭力好像是不得不走的方向。

## ▋ 跨界究竟是怎麼回事？

我們在這時代休息時間都不夠了，怎麼變成一個跨界達人？

這個問題問我就對了。別的不說，我還真的知道答案。我的朋友常覺得我是個神祕的學習者，簡直是跨界天王。不管是

黑是粉，都喜歡嘲諷或稱呼我「懂王」，因為我「號稱」精通超級多領域。

光是寫出來就讓人看得累：

- 編程

- 專案管理

- 成長駭客

- 創業

- 課程設計

- 認知心理學

- 遊戲化設計

- 財報解析

- 極速寫作

我有時候其實能夠理解黑我的人。如果我不認識我自己，我肯定也認為自己是個吹牛大王，怎麼可能有人精通那麼多學問，肯定是吹噓。

好吧。先不討論是否真正精通，先來聊聊為什麼我會去鑽研這麼多領域。

一開始我真正精通的只有程式設計。我寫程式碼的速度非常快，也拿過世界黑客松首獎。一天寫出一個小網站，對我來說不是什麼難事。但是我很快就遇到了瓶頸。我發現快速寫出程式碼不難，但真正難的是我一個人寫很快，但是有隊友時，速度卻非常慢。

　　我常常要停下來解決跟程式碼無關的協作問題。但是光靠自己一個人是做不了大案子的。於是我去研究解決的方法，於是找到專案管理這門學問。

　　曾經我以為專案管理就是答案。網站比人早上線，比人早迭代，就能在商業上致勝。後來發現我錯了。一個技術團隊可以程式碼寫很快，但是沒有解決商業需求，業績也無法增長。無論迭代再怎麼快，一樣是條死路。所以我只好去研究成長駭客與創業做生意。

　　我創業想做平台不是很成功。但是朋友看上了我很會教編程，鼓動我去教書。其實編程並不好教，多數工程師若不是自學，就要靠師傅帶，用做專案培養經驗學會。靠著自己編撰的教材，我有辦法教會很多工程師。

　　課開成了，而且口碑很不錯。接下來我想要教更多人，於是萌生了做線上課程的念頭。但是線上課程的完課率很低，更

不用說學成率了。於是我開始認真研究大腦運作的科學，這門學問叫認知心理學。研究了認知心理學之後，我才發現不管學習或教書，都要按照大腦的運作原理才會事半功倍。依此，我開發了全新的課程型態與課程框架，所以我的編程課叫好又叫座。

在研究開設線上課時，我有一個深深的疑問：為什麼一般的線上課程完課率這麼低，但是線上遊戲卻讓人深深沉迷不可自拔？線上遊戲其實也是一種課程，讓玩家學習怎麼跟遊戲故事互動的課程。而且遊戲一旦拔去故事，充其量就只是動動搖桿，幾個小時在重複無意義的動作。於是我開始研究遊戲設計的原理，才發現遊戲之所以讓人深深著迷，是因為它掌握了人的生理與心理動機機制。

至於極速寫作這門技能，是因為學了太多門學問，很想把技能攻略留下來，寫一本書卻費時費勁。於是我便在琢磨怎麼解決這個難題。其實程式語言比自然語言難很多，但我覺得這件事不合理，我可以用程式語言與框架，在一天內寫出一個網站，沒道理不能用更熟千倍萬遍的自然語言，在一天之內寫出一本書。所以我就栽進了研究寫作的世界，把過去編程的拆解技巧運用在寫作上。練了七八本書，最後練成一天寫出一本書的可怕速度。

至於財報的鑽研是因為我創業多年，第一桶金是教書所得，第二桶金是投資比特幣所得。兩種所得都是我的意外之外。加上我一直在想，人為什麼要被金錢奴役？我們一輩子都要這麼努力追逐金錢嗎？如果要投資股市，是不是有一些科學方式可以解析背後的原理？於是我開始鑽研價值投資，試著從數學的角度拆解股市的終極難題。

其實我只是很想解決一些生活與工作上遇到的挑戰和難題，然後不知不覺地走過去而已。有些領域甚至一鑽研下去，不小心拆解得太深，也不知不覺地成了領域裡的達人。

## ▌ 如何快速跨領域？拆解問題並且尋找古老領域的解法

當然，聽到這裡你可能又覺得我在吹噓。跨領域最好是這麼簡單！怎麼可能隨隨便便就跨過去。如果跨領域這麼簡單，原來領域裡的專家豈不是傻瓜？

話也不能這樣說。但在我跨這麼多領域的經驗中，卻發現裡面真的有一些技巧。越熟練這個過程，學習的速度可以越快。

## 跟建築業學編程架構

首先，我在學習程式設計時的確覺得挺困難。因為程式設計是一門新興領域，程式要寫得好，也是有一點難度。即便有時候把專業書籍都買回來讀，還是找不到答案。後來讀到一本程式設計架構的書，作者提到幾本建築工法的書對他撰寫這本書很有幫助。

我心想，這話真的有道理。程式設計不過是數十年的學問，建築可有數百年的學問，我何不去建築書籍裡面找答案。還真的讓我找到不少可以借鑑的地方。

## 跟電影業學專案預算管理

後來在研究程式設計的專案管理時也遇到了類似的瓶頸。管理一個軟體專案其實很困難，軟體需要多人協作，耗時巨大，有時牽一髮動全身。雖然專案開始前都會有立項會議和規格書，但做出來的軟體專案往往不是這麼回事。不僅如此，專案還常常延期。

軟體界裡面沒有人能夠解決這個問題。於是我便思考，哪一個行業也是類似的結構，但比軟體業的預算更龐大、調動更多人，也是牽一髮動全身，但歷史遠遠悠久許多？

我在拍電影的書裡面找到我要的答案。

## 向人資學客戶留存

在學增長時，有一個問題深深困擾我，就是將新客戶轉成熟客的問題。在商業世界裡面幾乎沒有一本書能好好解釋，如何用科學化的方式留存客人，甚至轉化為熟客，更別說有科學的框架。每一本談待客的書都只有說要打造賓至如歸的環境，用心對待客戶，這些我也都知道……

哪種行業更重視陌生人的留存呢？我發現現代人力資源學裡面有一個術語叫做 Onboarding，字面翻譯叫「上船」，實際意思是新員工引導。如何在短時間內就讓招來的新人熟悉環境，並且迅速融入工作環境，變成公司一份子的學問。

我在裡面果然找到了科學框架方法。

## 向遊戲業學教學設計

我在設計課程時翻遍教育領域的教科書，都找不到能夠大幅提升學生學習興致，更別說讓學生成癮的方法。但我注意到了遊戲產業，本質上也是讓玩家迅速學習新世界，掌握規則，取得高度成就感，甚至能讓玩家上癮。

我果然在遊戲設計領域裡面找到了科學根據，並且創造了一套高度成癮的學習與教學方法。

## ▌ 跨領域不是從頭開始學

很多人在看到跨領域一詞時，往往會想到要「從頭學」整門學問。於是有人來問我，怎麼有那麼多美國時間學這麼多領域？

其實，我的跨領域學習從來不是「從頭」學習。我只是將我遇到的問題抽象化成一種結構，然後在更古老，或是更重視類似結構問題的領域裡面找答案。

有時候我覺得這種學習方式比從頭學習更有效率。在我鑽研了很多領域之後，甚至發現某些領域裡面的「傳統解法」是死胡同。就算把書翻遍了，也解決不了我想要解的問題。現有存在的解法只能適用於小範圍題目，不能解釋也解決不了大問題。因為，有時候真正解決問題的關鍵並不在鎖頭上。

比如在增長領域裡面，我發現讓新客人變成熟客人的真正關鍵，並非無上限地做到賓至如歸。即便是服務不到位，也可以讓客人變成熟客。主要關鍵是讓客人在第一次光臨時能得到超出預期的體驗，並且讓他養成上門消費的習慣。「習慣」才是

熟客養成的真正關鍵。

又比如在教育業裡面，如何讓一個學生上課不打瞌睡，始終保持高度專注力，又能學到東西？關鍵不是無上限地提升老師的教學技巧，而是上課一開始就讓學生知道今天要學什麼，可以不用學什麼，自己又正在學哪些，並且可以在記憶消失前保留自己喜歡的知識。

於是我在自己的線下課程玩過一個很有趣的教學法。這門課甚至採用很無聊的講述法（全程念講義），卻讓學生在上課時興奮到不行，並且稱這是他們上過最棒的一堂課。

我是如何安排這堂課的呢？首先我讓學生先分組，一開始就發下滿滿都是字的講義。我不急著開始講課，而是讓學生先花 10 分鐘讀講義，圈出自己覺得講義上最有趣的三個重點。然後再花 5 分鐘跟旁邊陌生的同學打招呼，分享交流自己來上這堂課想要解決的問題，以及在講義上看到的有趣的點。之後我才開始上課。

這門課的流程設計也很奇特，我每 15 分鐘就下課一次，每次下課 5 分鐘。所以是每個小時上課 45 分鐘，休息 15 分鐘。

乍看跟一般課程時程沒什麼區別，但是效果大有區別。因為人類的注意力要全神貫注，最長只有 15 到 20 分鐘。所以我

讓學生全神貫注 15 分鐘，然後馬上讓他們休息充電。在這 5 分鐘的休息時間內，他可以整理筆記，也可以和同學分享剛剛聽到的重點，或者提醒同學，老師其實有上到對方關注的重點。

也因為是每 15 到 20 分鐘就停下來整理回顧，很多同學都能趕上進度，並且深深記牢上課的內容。所以學生覺得這門課上得非常輕鬆，很容易能趕上進度，馬上可以跟同學討論，下課後記得超牢。

而且上課就先發講義，同學很快就知道今天要上什麼，不想上的他可以恍神，喜歡上的可以全神貫注。學生們最有心得的地方在於可以「即時」跟同學討論交流，整堂課就變成「與他有關且有趣」的課程。

我的上課方法很平常：先發講義，全程用講述法，甚至讓學生每 15 分鐘就下課一次，還可以上課講話討論。就傳統教學來說是平凡無奇的上課結構。

但是效果出奇地好，因為這樣的設計安排完全合乎人類的生理記憶機制以及心理動機。這樣的教學法書本上並不會教，也沒有人敢嘗試。

如果你去鑽研傳統教學理論，書中通常只會教你用更多互動的手法提昇教學技巧。所以，如果你是個想提升教學成果的

老師，認真去鑽研教育理論，肯定會碰上死胡同。

我的教學手段是把所有的痛點拆開來，用科學原理解決。其中有原創也有借鑑，只是我重新調整順序，再設計成新的上課方式。

如果你是老師，不妨用這個方法試試看。我改用這個方法教書後，很多時候上課的討論熱烈停不下來，讓我備課超級輕鬆。（甚至不用準備 PPT，只要寫講義。）

## ▋ 無解的商業難題，如何透過拆解跨界解決？

看到這裡，你會不會覺得跨界好像沒有那麼難？

我們講了 Netflix 的例子。其實 Netflix 的解決方案，就是借鑑餐飲業的海鮮吃到飽結構，取得巨大勝利；我們談到程式設計師生涯短暫，也談了開程式設計學校為何不容易取得口碑。其實是因為程式設計行業中，工程師與學校的關係非常像職業駕駛與駕訓班的關係。

面對未來與創新，因為過去在各界的資料庫無跡可循，從頭學習又要耗費很多時間，所以許多人視跨界為挑戰與恐懼。其實跨界的方式與方向並非大家所想的要從頭開始，反而是一個簡單、抽象、切西瓜的加速方式。

而且步驟也沒有那麼難，這個方法非常類似前面提到的編程思維。

1. 收集痛點。

2. 抽象成結構。

3. 找尋比自身行業更重視這個問題的領域，或更古老的領域，找到片段解法。

4. 重新組裝。

　　這樣就成了跨界的全新方案了。

# 第 8 章

# 解問題前先分類

這個時代 AI 議題正夯。我雖然是資訊工程師，卻不太相信現在 AI 科學的水準，甚至認為市面上不少號稱的 AI 成就是吹噓。

怎麼說呢？現在絕大多數領域所稱的 AI，我認為只能稱上大數據。只要擁有夠多的歷史數據，觀察到數據一定的模式，從而進一步窮舉未來的發展，進而做出勝率相對高的決策。

我們所知道的下棋機器人多是類似的設計機制：輸入大量棋譜，找到模式。或是自我對戰個幾千萬局，找到新解法。

理論上，我們希望 AI 的終極完成品發展出與人類相當，對任何環境變化皆能靈巧應變的通用人工智能（Artificial General Intelligence，AGI），不再侷限於特定的應用範圍。

未來機器能做到這一點嗎？我不敢打包票。

不過我也認為無須慌張，因為現今的人類與 AI 都同樣有致

命的侷限。我的觀點主要有兩個：

第一，人類自我學習演化的演算法是匹配過去的記憶，參考其他人答案，上網搜索，找到類似模式的答案。當今主流 AI 技術鑽研方向也是類似如此，靠著大量輸入的過去資料預測未來。

但因為機器的計算能力與資料庫遠遠超過人類，所以人類懼怕 AI 會取代自己。

我在書的前半段已經解釋過資料庫競賽的問題。資料庫競賽很有可能只會找到死胡同。真正解法根本不在同一個維度裡面，而是一個全新的解法。

第二，資料庫搜尋法還有一個真正致命的問題，就是原始資料分類錯誤。

## ▌ 為什麼股市 AI 難以預測股價？

我朋友知道我在研究價值投資，精通拆解財報，也投資了一個財報分析網站。朋友一直希望我給網站加個功能，希望我去研究當今技術分析相關的技術，還推薦一本用數學破解股市的書給我參考。

我讀了這本書卻覺得沒多大幫助。當然，如果你有研究股

市，可能會覺得我莫名其妙。股市分析向來分成兩派，一派分析財報經營數據推測股價（稱財報數據），一派分析股市股價漲跌數據推測股價（稱技術分析）。一般覺得這兩派各有優勝劣弊，我卻不這麼認為，甚至覺得技術分析派有不少說法沒根據。

我是念數學的，為什麼覺得技術分析派用過去股價數據分析找出股價趨勢沒根據呢？

這要講到股價是怎麼計算出來的。但因為這不是股票書，我盡量不用高深字眼，以免讀者陷入五里霧。我試著用國中數學解釋。

在財務理論裡面有一個大家公認的股價推算法，叫做 DCF（現金流折算法）。這裡不展示具體公式，你只要知道 $F(x) = y$。$x$ 可能基於過去的營收、利潤、現金流，透過一些微積分公式，最後會產出 $y$ 的股價。

假設所有公司都是用 $F(x)$ 去估價，理論上我們可以收集一大堆公司的 $y$ 跑出大數據與統計，去逆推算 $F(x)$ 的公式，然後再針對現在的營收、利潤，看看 $y$ 是否被低估。

但是，市面上所有的公司並不是只有 $F(x) = y$ 型，還有

- $G(A) = W$

- $H(B) = M$

- $J(Q) = R$

- $K(R) = S$

（以上的英文代號是隨便代入的，只是讓各位知道，「每種」公司會有不同類型，不會是同一個公式。）

但是，如果把所有公司歷史上的股價都假設波動因素是同樣的原因產生，用 AI 去逆推股價與預測下一步走勢。這就是張飛打岳飛的局面。

現在號稱 AI 算牌的大多都是這樣的設計。但是，幾千家公司怎麼可以都用同一套函式去解釋呢？

要預測數據，起碼要分群才對。我們至少得將不同的公司分門別類出來，再去看他們的特徵才對。

而且現在不論是技術分析派還是財報分析派。幾乎不對公司的數據進行分類處理。又或者分類在一開始就錯了。比如說一個經典的錯誤，就是把台積電與鴻海分在同一類，因為他們看起來「都是電子類」。

實際上台積電是 $F(x) = y$，鴻海是 $G(A) = W$。鴻海在財務結構上，其實跟 COSTCO 更像。

跑數據分析最致命的問題是，如果一開始數據不分類或分錯類，就會像是資訊工程領域常講的「垃圾進，垃圾出」（Garbage in, Garbage Out），用 AI 算一百年也算不出來。

## ▍股票要如何分類？

每種股票背後都代表著一間公司。其實股價的方程式遠不止

- $G(A) = W$

- $H(B) = M$

- $J(Q) = R$

- $K(R) = S$

更精確拆分下去，公司大體上還分成三種類型：

- 利潤型

- 周轉型

- 槓桿型

利潤型的公司，主要拚技術競爭力，賺智商稅，而智商稅就顯示在高毛利上。有一定的技術領先，才能賺取超高的利潤。

周轉型的公司如 COSTCO、Amazon，就是跟人拚銷售管道與資金談判、周轉力。這一類的公司淨利薄，但是一年可以做很多趟生意。鴻海為什麼跟 COSTCO 更像？因為鴻海本身做的是蘋果的統包整合組裝廠商生意，生意模式是跟各上游廠商進貨，組裝成手機出貨給蘋果。所以本質是批發商。

但是 Amazon 為什麼可以節節增長，鴻海這幾年卻節節敗退呢？因為 Amazon 賣的是雜貨，面對的是廣大消費者；鴻海的出貨對象只有蘋果。當蘋果出貨衰退，鴻海的業績就自然也跟著衰退。

槓桿型公司的代表是地產公司、航空業。這一類公司的具體特徵就是資本大、重資產，利潤則可能大可能小。但是相同特徵都是需要拚資產抵押借貸，拚銀行交情，開槓桿玩超大資本遊戲擠利潤。

槓桿型的公司很容易受到景氣影響。景氣好的時候賺很多錢，一旦景氣低迷，賠到脫褲都有可能。比如說 COVID-19 就幾乎讓航空業停擺，就因為這類型行業的槓桿都開太大了。

當你打開這三類型的公司的 ROE 的結構（ROE= 淨利率 x 周轉率 x 槓桿倍數），就會發現這三類型的數據起伏形狀差別很大。它們的利潤組成非常不一樣，為什麼可以拿 F(x) = y 去逆推

算呢？

再來，這三種是有存貨類型的公司。我接下來要談兩種特殊類型公司，一是網路業，沒有存貨，大部分的支出都是營業費用。一是銀行、保險、金融特殊產業，這類公司的存貨就是現金。

前者沒有存貨，所以只能看收款天數與毛利率去推估競爭力。後者因為法規的關係，大多數利潤有法令上限，利潤多半跟規模有關。這兩類公司的行為與前面三種不一樣。

還有一種變數就是公司的策略。不採用利潤擴張，而是用現金流擴張的例子有 Amazon。Amazon 生意模式不是盡量賺取利潤，而是盡量投資到能夠快速收到客戶現金，慢慢付給供應商，利用中間付款的時間差與現金擴大生意規模。

花了這麼多篇幅分析這些，只是為了讓你知道，股價與利潤產生模式可以很不一樣，而且這裡例舉的分類也很粗糙。

更不用說在股市裡面還有垃圾公司，而且大中小型公司（比如說千億、百億、十億三種不同規模）的成長曲線很不一樣，怎麼可以用同一種模型去推算呢？

聽到這裡，你可能會覺得好像超複雜？

其實並不是。

在實務上，某些經營到一定年限，並且具備一定規模的某些好公司，股價真的能以財報數據逆推出函數與參數，甚至預測出極接近的數值。只是一般的投機者認為，這些公司的股票無法讓自己在短時間內致富，甚至執著於去鑽研短期人為買賣的波動。

我在研究財報時發現股市牽涉到大量的數據資料，而且這領域的人在過去沒有太強的計算機，加上切入角度錯誤，連正確的分類都做不到，所以大部分的資料都長期處於張飛打岳飛的狀態。用這種思維去鑽研等於片面解釋無用數據。

跳脫財報書籍，重新分類資料，反而能看出很多有意思的產業趨勢，並且從數據上「重新發現」常識。股票長期估算領域尚且如此，更何況短期的價格波動。比如說我用大數據研究相同類型公司股價時，發現利潤與存貨天數、收現天數有非常大的正相關。

但是財報書上常常忽略這兩個數據，甚至覺得不重要，覺得毛利率、淨利率比較重要。但如果貨賣不出去，錢收不回來怎麼辦？貨賣不出去，於是把貨賣成三倍價格，賣一個頂三個。那麼毛利率其實不變，淨利率甚至也可不變。在財報上看

不出來，但是生意卻是變差了。這就解釋你明明開始覺得某些公司的產品變差沒人買了，財報數據依舊亮麗的原因。

## ■ 從李約瑟問題談分類的重要性

我在 Bilibili 上非常喜歡一個經濟學家陳平老師，他是物理學家出身的經濟學家，近年來預言中美關係，以及外交、經濟的進展猶如先知。以一般觀點來說，他的影片非常政治不正確，經常在 YouTube 上被限流。他能夠屢講屢中，在於他的理論紮實。

他在最近幾個月提了一個很有意思的問題：「科學與資本主義為什麼誕生在西歐而非中國？」這個問題，俗稱李約瑟問題。

一直以來，學界對這個問題非常疑惑。照理來說，中國是五千年的古國，人口數量多於歐美國家數倍，人才輩出。加上語言文字統一，國力相對強大，為何偏偏在明清時代停滯，科技落後，敗給了歐美諸國，直至最近才勉強趕上。坊間有很多理論，卻都無法好好解釋這個問題。

為什麼歐美重科技與資本發展，還有專業分工。中國多年以來的重點卻在自給自足？他從戰爭型態中找到了答案。

歐美與中國的戰爭型態自古以來非常不同。歐美的戰爭，

規模更是比中國小了許多。其中最值得一提的是，如果近距離觀看，會發現中國的戰爭是在亞洲大陸占地，歐美多數的戰爭是占領交通要道。

古代戰略有「兵馬未到，糧草先行」。因為中國地大人多，所以戰爭打的是補給線戰爭。甚至有屯田策略，派兵過去，無戰時耕田，戰爭時當兵。中國的占地戰爭，是農業民族和游牧民族的對戰。

歐美人口相對少，所以不玩占地，主要是控制交通樞紐，打下來做生意。因為要以少擊多，拚的就是科技，資本操作。

歐美國家要維持自己的優勢，必定要提高國家的科技水準，進行槓桿操作。中國因為地大資源多，幾千年以來的目光鎖定在內部資源的攻防消長，完全無視拓展廣闊的海外資源。

這樣一分類後你會發現，就國家發展與戰略方向而言，歐美與中國非常不同。你可能會覺得這是廢話，當然是「不同」的，但是「有那麼當然嗎」？

很多時候，我們會認為「民主」帶來「富足」。但是這句話是真的嗎？看看南非、菲律賓，好像不是這樣。再看看新加坡，又發現一個反例。其實，美國本身的強大也不是民主帶來的，而是美國的戰略位置與國家資源好，加上誕生在一個特殊

的時代，才有現在的局面。

我們卻會因為美國當今的強大，而認為「民主」等於「強大」等於「富足」等於「現代化」。

美國因為地大施行民主，中國因為人口多實行專制。國家因為地形與交通因素，各自採用適合自己的政治制度。這裡不是在稱讚專制。只是工作會因應情況而有遠距與辦公室形式，政治制度自然也要配合國家人口密度與文化。這次的COVID-19就讓我們看到在極端狀況下，不同政體與政府控制疫情的手段與結果。

## ▌ 為什麼我們遇到大問題時要先分類？

人生中有很多問題為什麼看似無解？因為我們在思考問題時有個很嚴重的盲點，叫「一元思維」，指的是人類盲目相信有一個強大的原則與公式，能貫穿所有不同個體，解釋所有事情。

所以多半的決策目標就是窮盡一切資源，逆推出一個終極公式，追求領域裡的最強攻略。不論什麼情況都套用這個攻略，就能得到最終想要的結果。

事實上這個理論是不成立的。不但不成立，還可能會讓你走進迷宮繞不出去。

比如說計算機領域有一個聖杯是研究寫作機器人。但是寫作機器人根本寫不出能用的散文、小說、廣告詞。

我最新的研究領域是「寫作」，一天寫完一本書。在研究這個議題，發明全新的寫作流程中，我也得出一個全新但也是廢話的結論。就是寫作雖然可以有模版，有結構，但是不同文體的寫作流程、模版，甚至分類與結構是非常不一樣的。

當今的寫作機器人卻把一堆張飛岳飛的文章倒在一起，難怪寫出來的文章都同樣呆滯。

所以，當今的壞消息雖然是 AI 的演算能力遠超過人類，好消息卻是兩者在原始設計視角上，都有致命的分類盲點。

你只要知道，在解決千古難題時，試著先把你遇到的問題或局面分類一遍，搞不好可以更快找到關鍵的切入點。

# 用數學改變未來

第 3 部

# 第 9 章

# 用概率做決策讓你更幸運

前面我們談了如何用「分類」、「輸入、處理、輸出」、「重新排列」、「跨界」跨越盲點，大幅降低眼前問題的難度，並且找到答案。

接下來這幾章，我想要談談如何用數學穿越時空，對未知做出更好的決策。

## ▋ 幸運與不幸運其實是同一件事

周遭朋友其實蠻嫉妒我一件事，說我是個非常幸運的人，常常可以在別人無法閃過的災難裡面逃脫，甚至翻轉劇情。要不然就是大家一起拿到同一個賽事或機會的入場券，卻只有我拿到相對好的成績。

幸運可以人工製造嗎？一般人會覺得不行。那麼，我要反過來問大家一件事：不幸運可以人工製造嗎？相信很多人恐怕

會說「可以」。

如何人工製造不幸運呢？其實蠻簡單的。就是投機，不聽人勸，在狀況不好的情況下亂做決策，逞強。

我認為幸運與不幸運只有一線之隔，因為它們在本質上是同一個詞：

- 幸運就是出現比原來預期更好的結果。

- 不幸就是出現比原來預期差很多的結果。

本質上都是「與預期不一樣」，只不過結果是你喜歡與不喜歡而已。

## ▌ 風險管理思維

其實我覺得生活中有一門很值得大家研究卻被刻意忽略的學問。這門學問叫做「風險管理」

為什麼這門學問會很容易被大眾忽視呢？

我認為是因為這個詞在大眾眼中基本上等於「有失敗的可能性」和「倒楣」，所以避而不談。但我認為它非常重要，是因為如果你知道什麼是風險，並且知道規避風險，基本上會越來越幸運。

## 「風險」究竟是什麼？

對於風險，大眾未有統一共識，但是我們大概可以這樣描述：

- 風險是對於「預期收益」的不確定。

- 風險是「在給定情況和特定時間內，那些可能發生的結果之間的差異」。

- 具有不確定性的損失就是風險。

- 風險是在風險狀態下一定時期內可能產生的結果變動。

（定義來自《公司財務危機論》）

「風險」這個詞不受歡迎，因為它背後帶著兩個含意：

- 不確定性

- 不可預見的損失

簡單又可以濃縮成一個詞：「不幸運」。

## ▌ 不幸運＝與預期不同，而且結果很糟

再往下思考下去就會發現，我們對於「產生結果」都有一個既定的行為公式與預期。在過去多數時間執行確定可以得到

預期的好結果，這次執行卻得到遠遠偏差的「壞結果」，就覺得自己遭遇了不幸。

我們人類的思考決策十分微妙。大腦其實知道，世界上每一種決策都會產生不同的結果，有機會一樣，也有機會不一樣。這在數學中叫做「概率」。

世界不是單向的 RPG 劇情，和遇到的 NPC 對話只有一種選項，而每一種選項都只會帶到下一個確定的結果。真實世界的對話會展開不同的劇情，帶出截然不同的故事結果。

假設這個遊戲章節有三個主要對話。即便你按照別人的攻略，在前兩個選項做了一樣的選擇，但是在第三個對話中做出不同的選擇，也有可能迎來不同的結局。

我打個比方，《魔獸世界》是個運行了十多年的大型線上游戲，因為各種 bug、營運需要，遊戲需要不斷地調整、更新。

假設你是個謹慎的新玩家，想要養出一個好角色，於是小心翼翼拿著攻略本照著玩，同樣的劇情章節，同樣的技能配點，什麼都按照標準來，對三個對話做出一模一樣的選擇，最後還是會養不出一樣的角色。因為技能改版了，武器改版了，你開不了某些任務，組不出理想的技能搭配。

這個結果如果和你心中預想相差很多的話，你就會覺得自己「很不幸」。

## ▌為麼不幸運？ 100：0 的決策思維

　　我們心中會有「幸運」與「不幸」想法在於一個很大的前提設定，這個前提連我們自己都沒有注意到，那就是：世界是動態變化，不斷改變更新的，但是在我們的慣性思維中，卻會認為世界是靜止不變的。

　　所以在面對選項，且可以預知答案時（比如說基於自己過去經驗，或者是別人口傳的經驗），我們很容易將原本可能是 70：30 的發生機率，一概視為 100：0。

　　照著這樣的習慣，在環境、時間、空間的條件都不同時，例如：

- 攻略的時間相差幾十年。

- 發生在不同的國家。

- 輔助的資源與決策的時間不同。

　　以上這些條件會讓概率出現極大的變化。有可能因為諸多條件，原本的 70：30 會變成 30：70。再加上慣性思維，就很

有可能將我們「自動」帶進坑裡。

## ▊ 不幸的原因：「慣性思維」

你可能以為「慣性思維」是人類的一個 Bug。恰恰相反，他是人類的一項特徵。

為什麼會有慣性思維？因為我們的計算能量極其有限。舉例來說，假設你出門到公司要花一小時，在這一小時的路程當中，可能就有上百個決策要做。

試想像遊戲情境，在一小段路上就有一百次對話要選擇，光想就頭痛。最省事的方法是按著 Enter 不放，一路快轉過去。

但是在真實人生中每一件小事都要做選擇，為了省時省事省能量，我們會下意識地養成習慣，做了 3 到 5 次都得到差不多且滿意的結果，我們就會記住這個路徑，直接儲存為預設策略。

如果聽從他人多次意見也得到好結果，我們會依賴他人的決策，並且不假思索直接使用。

這樣的策略在多數時刻都管用，且派得上用場。

如果每樣小事都要決策思辯，就容易讓你做事猶豫不決，

甚至多疑偏執起來。

# █ 幸運的方法論

正是因為絕大多數的情況下，我們都是一條自動化策略走到底，再隨機因為條件的概率不同，出現對自己好或不好的結果，覺得自己「幸運」或「不幸運」。

當然，每個人都想要更幸運。那有沒有不用花太多能量，又可以促進「好結果」的概率？其實真的有。我們還可以分為幾個方向去努力。

## 1. 提高決策勝率

我在前作《打造超人大腦》裡曾經提過我過去總結了一套「幸運方法論」。這套幸運方法論是這樣的。

我們往往以為一個人的幸運是偶然，但其實真實世界不是這樣。把幸運與不幸的產生過程梳理下來，會發現：

- 幸運是「好的結果」＋「意想不到的放大與連鎖」，霉運是「壞的結果」＋「意想不到的放大與連鎖」。

- 所謂「結果」是「連續執行幾件事」達到的「最終成

果」。

- 所謂「意外的」幸運與霉運是在「特殊場合」造成的「放大、連鎖」效果。

一個人向來幸運和一向很倒霉，是因為人有一個幸運基數。

舉例來說，要解決一件中等規模事件，當中有若干小事件需要做決策。以數學角度來看，這件事情執行的最終收益不是加法 $1 + 0.1 + 0.12 + 0.09 + 0.32 = 1.63$，而是乘法 $1 \times 1.1 \times 1.12 \times 1.09 \times 1.32 = 1.77$。

在小事件裡面很難看出提高每個過程的數學結果有什麼結果上的差異。如果一個人老是執行效果差，老是做出損己的決策，單個世界結果的分數 $1.10$ 對比 $0.8$，看起來也差不多。

但是如果遇到時代浪潮，大事件，處在大格局的背景環境，假設 A 的平均幸運基數是 $1.1$，$1.1^{20} = 6.73$。另一個人 B 的平均幸運基數是 $1.01$，那麼 $1.01^{20} = 1.22$。

兩人平常看似實力差不多，但是在遇上大事件時，A 很自然就會「脫穎而出」。因為「實力」相差懸殊。

有句話說，「機會是給準備好的人」。其實從數學上來看是「準備好的人拿走所有機會」，因為任何壞球都可以被這種人打

成全壘打。

## 2. 在大事件前切換成概率選擇模式

當我們感到「幸運」與「不幸運」時，其實是因為你的感受「特別被放大了」，導致你感到強烈的差異。

感受被放大有兩種原因：

• 「事件過大」，導致微小的差異被放大。

• 「周遭環境差異過大」，導致概率落點完全轉變。

我們前面提到「提昇實力」、「提高環境勝率」的策略，其實在某些情況下不適用。

因為「提昇實力」需要「練習」，而有些情境的解法「無法練習」。比如說過去沒有經歷過的事件，去沒有去過的國家旅遊。陌生情況無法靠「反覆練習，提升經驗、提昇實力」去提高勝率。

那麼我們要如何制訂對應的策略？有兩個方向：

• 概率決策

• 對沖

# 如何化不幸為幸運

我喜歡舉旅遊當例子。因為旅遊往往是驗證「慣性直覺」、「環境空間時間錯位」的絕佳例子。

有些人可能聽我講過，我如何把一次可能是災難性的員工旅遊，變成令人永生難忘的旅遊經驗。

2018 年時，我的一間公司決定在大阪開一次產品會議兼員工旅遊。但是不巧在出發的前兩三天碰上了颱風。臨出發的早晨（大約早上九點），團隊坐了一兩小時的車到機場辦理 check-in 時，櫃台多方阻撓，不實際明說否取消班機，但建議我們改簽，以免班機取消。

我帶著十幾個人的隊伍，同事們都慌了。因為：

- 當時是夏天旅遊旺季。如果飛機 delay，旅館訂房會接近全部泡湯。

- 我們一行約 15 人，同時改簽所有機票幾乎不可能。

- 許多在大阪的行程已經預定好，甚至已經買好門票。

- 我們沒有透過旅行社，而是自己安排所有行程，不可能有人幫我們處理好種種意外狀況。

如果機票被取消，後續的整個旅程計畫可能會泡湯，損失會高達六位數字。金錢與公司士氣會遭到嚴重打擊。

　　但是我最後完美解決了這個事件。

## Step 1：鎮定，快速計算所有選項

　　改簽櫃台前滿滿都是人。而我們有 15 個人，帶著這麼多人去排隊改簽，顯然不切實際。

　　我當下安撫大家，有颱風沒關係，我們手上都拿著行李。大不了不飛大阪，我們當天就買機票飛東京。

　　接著我讓公司的行政帶著同事先去吃早餐，安撫情緒。

　　然後我在餐廳裡計算「飛機起飛不取消」或是「採取其他措施」的概率。

## Step 2：賭概率高的選項，即便內心不希望發生

　　五分鐘過後，我做了一個正常人都不太可能做出的決定：「不計一切代價重買了隔天同一個時段所有人的機票」。

　　拿起手機全部重買所有人的機票，只是這個行程是原本來回行程各推遲一天的版本。神奇的是，在我買完所有人的機

票，大家的手機都收到確認簡訊之後，又都收到下一封簡訊：原先的班機取消了。

正當大家還在吃驚我如此幸運之時，手機又收到下一則簡訊。因為我訂了機場旅館，今天的臨時住宿搞定了。同事上網查，本來機票沒取消前，機場附近還有很多空房，這些空房卻在那短短 10 分鐘之內被橫掃一空。

等大家吃好早餐後，我好整以暇地帶著隊伍坐車去機場旅館休息，安慰大家沒關係，明天再出發。今天受驚嚇了好好休息，傍晚五點我帶大家去吃好料。

回到房間，我悄悄預定了市區裡面的一間米其林一星日式燒肉，晚上租了一台小巴士進城。到了餐廳後，同事都很驚喜。那天晚上還開了幾瓶酒，喝得超開心。那一餐被同事譽為進公司後辦得最好的一次聚餐。

隔天我們飛到大阪繼續原先的行程，好像什麼事都沒發生過一樣。後續旅程十分順暢。這次旅程在 90% 的同事記憶裡，等同於提前多玩了一天。不僅沒損失，還多賺了一天假期與一頓米其林美食，非常開心。

# 如何讓自己不幸：環境改變時依靠慣性

看到這裡，你一定會覺得我十分幸運。但是其實你不知道：

- 如果我當下沒決定即時買機票，五分鐘後當機票被取消後，新的機票機位要排到兩三天以後。

- 如果沒有立刻買新機票，我也不可能在當下定到機場旅館安頓同事。

- 如果兩三天後出發，我要面臨是讓同事回家，還是在出發機場的城市多住兩三天，然後多訂大阪的旅館兩三天。預算爆增。

- 如果晚兩三天出發，行程也要延後兩三天結束。那時候就會碰上另一場颱風，就是把關西機場沖毀的歷史性颱風。

如果我的決策錯誤，我們不只要延遲兩三天回去，而是延遲整整一周。整個旅程會變成大災難。

連鎖災難沒有發生在我們身上，而是發生在公司的一位員工身上。

公司有位同事的部分行程跟我們分開，當時他因為簽證到

期要重新簽的關係，所以機票沒有跟我們綁在一起。我們的班機是差不多時間起飛，只是我們在 A 航廈，他搭乘 B 航廈的另一個航班。

當時因為我們這邊的行程有可能會全部取消，於是我在訂新機票時，也為他買了機票。然後打電話叫他過來跟我們會合。

但是他想要再等等，賭看看他的航班是否按照原訂計畫起飛。即便我們希望他一起行動，他還是想賭賭看。沒想到被他賭上了。於是他按照原訂計畫起飛，到了大阪。

同事當下都覺得他能飛到大阪很幸運。但是，故事還沒完⋯⋯

每次我們講起這段故事，他都希望能夠重新做一次選擇⋯⋯（淚）。

當時大阪在颱風狀態，所以班機抵達大阪的時間延誤。原先他計畫搭乘 JR 前往市區，但是 JR 半路停駛，他只好想辦法用他的破英文攔到一輛計程車，繼續前往訂好的飯店（要知道日本的計程車費是天價，大約花了他一千多人民幣）。

折騰了半天，終於在晚上十一點住進飯店（原訂下午三點半抵達），而且餐廳大多都休息了，所以找不到地方吃飯，只能

吃飯店酒吧的漢堡（一個 400 人民幣）。

那時候我們在米其林一星日式燒肉店吃燒肉喝酒，簡直不能再 HIGH。

原本我們的計畫是報復他拋棄我們先行一步去日本玩，所以在旅行群組裡面貼了許多美食照片。但是後來聽到他的慘狀，就覺得繼續損他的話太沒人性。

一個旅遊事件，同一組人，最後的結局卻天差地別。

## ■ 讓你更幸運的關鍵決策 1：概率思維

在這事件裡面我並不是沒有損失。滯留在機場，多訂機場旅館，多訂大阪旅館，還多訂了米其林餐廳，讓這趟旅程的費用爆增了足足 50%。

但是，如果我沒有做出「瞬間重買所有人隔天機票」的重大決定，這個旅程會 100% 直接完蛋。

為什麼我會做出一連串正常人不可能會做的決策呢？考量點有幾個：

1. 根據我過去的經驗與直覺，飛機取消的機率極高，地勤只是不想明說。當然，我們可以去改票，但是我帶著十

幾個人，櫃台又擠滿了人，當場改票這個手段不切實際。

2. 按照正常的直覺，幾乎所有旅客都會賭飛機不會取消。多買一張機票會讓人覺得：一會多花錢，二如果賭錯要付退票費。正常人都不會做這個決定，所以沒有多少人會去搶隔天的機票。我去訂的時候機票數量還正常，也還沒漲價。但我看了一下退票規則。如果買了機票，最後不坐退票的話，一張要罰 500 人民幣。所以如果我重買機票當保險，最後原先班機起飛了，無非就是被罰十幾張的退票錢。但是如果我堅持要賭人品卻賭錯，那真可不是花錢能夠解決的事。當然，在我買完機票的瞬間，原先班機真的取消了。

3. 發生這件事，大家的情緒都很慌。金錢損失是小事。行程泡湯，會議目的沒達到才是大事。所以重點是先安頓大家，並且安排壓驚行程。

訂完機票後接著訂旅館，也是相同的思維。果然被我猜對了，我訂完旅館後，機場附近所有空房都被一掃而空。

其實這個行程沒有非去不可的理由，旅費也不是小數目，我其實沒有「強行冒險」的原因。但為什麼我會做出「反人性

反直覺」的決策呢？

當時我面臨兩個選項：

A：重買所有人機票＋多訂旅館，表面上看起來多餘，要多花幾萬人民幣。事情若沒發生會浪費掉。

B：賭人品，堅持等航空公司宣布後再決定。這也是一般人會做的選項。但是如果班機取消了，我的損失難以估計。

兩者都會造成金錢上的損失，但是 A 顯然會開心一點，發生機率大一點。

但絕大多數人會因為「不喜歡投入變成損失」，於是會對「自己相信的選項」的不理性認知提升到發生率 100%。

那位「倒楣同事」的決策邏輯就是這樣。明明有很多檢查點，他只要退一步，就不會產生連鎖倒楣效應。他說：

- 他的飛機要起飛了。要是在起飛前主動退票，能夠退還的款項很少，而他不想承擔這個損失。但他忽略了我也幫他訂了一張機票這件事，我完全能幫他承擔他的代墊機票損失。

- 他的慣性邏輯是，既然公司已經訂好了飯店，這個飯店就是免費的，不住白不住。於是到了大阪還是按照原先

的行程，住進我們預定的酒店。他費盡千辛萬苦，花了高額的計程車費，執著折騰了接近八小時才抵達目的地，但是完全忽略了幾個選項：

→他可以到了大阪以後，選擇住機場飯店。

→在 JR 下車車站附近直接找一間飯店休息。

任何一個選項都不會導致他又累又餓。但是因為他維持著慣性的「省錢」邏輯，反而遭受到了更大的損失。他花的計程車費與餐費，完全足夠他在離開機場後好好地休息吃飯。

看到這裡，你明白了為什麼在重大事件前要切換成概率思維決策了吧。

事實上，我在旅行時絕大多數時間都是採用概率思維決策。因為旅行是人類最容易使用慣性思維做決策，卻屢遭不幸的事件。很多人會認為旅行是「換個國家」進行「日常活動」，卻忽略到了國外，時間、空間、環境，所有因素都變了。在國外，治安、交易、價值觀處處不同。你在日常生活中慣用的策略，很多在國外往往行不通。

更別說旅行支出裡面，行動與住宿都有高昂的成本。當行程（如飛機起降）有變故時，後續的住宿與行李很可能會被牽

連影響。你越想避免損失，越可能會造成決策品質下降。

## ■ 讓你更幸運的關鍵決策 2：對沖思維

我在個人商務旅行時，多半還會額外做幾件事：

1. 買相對成本較高的經濟艙票，甚至是直接買商務艙。

2. 提前半天或一天出發。

3. 一定投保旅行險。

4. 一定住某種等級以上的品牌飯店。

極端情形下，甚至還會多買一張機票「對沖」。

這恰好也是一般人最不喜歡做的事，理由也很簡單：多花錢。

這真的是多花錢嗎？

只要你回顧自己過去不幸的出遊史，你會發現一個模式：

1. 每次都超支。

2. 每次都 delay。

3. 少數幾次機票被取消，但是補不到票，或改不到票。

4.飯店住宿品質差。

最後花的錢，可能跟我多花的這些錢差不多。唯一不同的是，我可能「幸運」得到了「好結果」。

為什麼明明可以「省錢」，我卻要「多花錢」呢？這就是對遊戲規則的不同理解了。

很多人以為航空公司的便宜機票是機票的「基礎」價格，於是要他「再多花一些錢」去買「比較貴的機票」，肯定不樂意。

但事實上，那些「比較貴的機票」才是航空公司的「正常機票」，它們多數允許退換改簽。而那些「便宜機票」反而是「特價機票」，有點像是麵包店裡面快過期的麵包，或是 NG 商品，彈性自然非常小，也不會有相對好的客戶服務。

再者，為什麼要保險？在旅行途中發生意外的機率實在太高了。保險是一個能夠讓自己損失緩衝轉介到他人身上的發明。你可以用相對低的代價，賭另外一個選擇，來確保原選擇一敗塗地時，不至於損失都由自己承擔。甚至有時候行程取消，保險賠的錢會高於你的旅費，反而賺錢。

# ▌ 行為金融學陷阱

除了在變動大事件時使用慣性思維決策容易倒楣，還有一種容易倒楣的決策模式，就是瘋狂追逐收益。這在投資界裡面最常出現：不知道自己要什麼，過度優化收益，反而導致風險。

在投資界最常見的就是，戰績顯赫的股神越玩越大口味越來越重，最後在一次豪賭中，遇到黑天鵝事件就爆倉了。

你說這是不幸嗎？這個不幸也是有原因的。

投資裡面有一門學科專門研究人類行為，叫做行為金融學。人在面對金錢時，越會變得更加不理性。

比如說，在數學上的投資最佳解，就是買一門能夠穩定長期獲利，ROE > 20% 的公司，連續投資 20 年，就能得到非常可觀的財富，然後財務自由。這些公司幾乎是肉眼可見，比如說微軟、貴州茅台、台積電等等。

## 陷阱 1：為了虛榮心捨棄大概率的事，專賭小概率事件

但是一般人卻不會想去投資這些股票。理由很簡單，如果你投資這些白馬股，放個一二十年，真的致富了。別人向你請

教祕訣，你說自己買了台積電、微軟，放二十年不動，沒有人會覺得你是股神。

但是，如果你在 2020 年初買了特斯拉，股票漲了四倍，人人會羨慕你是能預見未來的股神。

特斯拉這種機會很好找嗎？特斯拉在 2020 年的股價會漲上天，是因為特斯拉公司終於轉虧為盈。市場上對於這種燒錢的超級創新公司，有賺錢與沒賺錢的估值差距非常大。在這之前一兩年，特斯拉也差點虧到破產。

我常打趣說，真實股票市場是長這樣的：

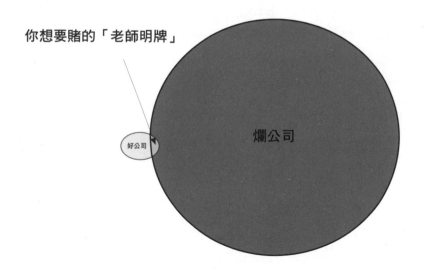

股票市場裡面爛公司何其多，而好公司顯而易見（賺錢概率超大）。一般人卻喜歡去賭那種機率不大，看不懂的事，然後虧了一屁股。

## 陷阱 2：追逐危險的 ROE

另一個容易不幸的決策，就是沒有設定好自己最終要賺多少。在投資圈裡面，這種現象多的是。

我時常勸朋友，如果要投資，最好先設定一個可行的財富目標，否則一旦投資不果，會賠到傾家蕩產。

你可以觀察到，很多投資人曾經因為短期投機賺很多錢，後來卻負債累累。為什麼他們會陷入這種境地？因為他們在財富設定上毫無觀念，純粹一直想著「我要賺更多錢」。

如果你只想賺「夠用的錢」，按照數學複利目標，投資策略會很無聊，但是一定能讓你走到你要的路。但如果你想要瘋狂地賺到更多的錢，就會走上岔路，我稱之為「危險的 ROE」。

什麼是危險的 ROE？

在投資世界裡面，有兩個常見規則：

1. 越高的正報酬，也代表越高的負報酬。

2. 越高的正報酬，在數學上機率其實更低。

---

**賠率 vs. 機率**

　　賠率：比特幣＞澳門百家樂＞起死回生股＞優質股

　　機率：比特幣＜澳門百家樂＜起死回生股＜優質股

---

　　對比這幾種投資標的，你會發現比特幣的賠率最高，但是機率最低。

　　更精確的模型是這樣：比特幣更像是單一號碼的俄羅斯輪盤選項，而投資優質股票是奇數、偶數這種選項。

　　不同的報酬率（賠率）會跟著概率變化。我們在賭俄羅斯輪盤時都會注意賠率與概率，但是在生活中卻不會，卻往往用一種慣性思維去「賭」所有的事，認為好手氣會接連不斷。

　　當你沒有設定最後要賺多少錢的時候，就會傾向去玩賠率高的東西。從低賠率高概率的東西一直賭，賭到高賠率低概率的標的，覺得自己有時間看盤，覺得自己有時間逃頂，最後就會在注意力鬆懈時直接爆炸。

**俄羅斯輪盤賠率**

| 投注 | 賠率 | 機率 |
|------|------|------|
| 奇數 | 1:1 | 46.37% |
| 偶數 | 1:1 | 46.37% |
| 黑 | 1:1 | 46.37% |
| 紅 | 1:1 | 46.37% |
| 1-18 | 1:1 | 46.37% |
| 19-36 | 1:1 | 46.37% |
| 1-12 | 1:2 | 31.58% |
| 13-24 | 1:2 | 31.58% |
| 25-36 | 1:2 | 31.58% |
| 單一號碼 | 1:35 | 2.63% |
| 兩個號碼組合 | 1:17 | 5.26% |
| 三個號碼組合 | 1:11 | 7.89% |

這不是手氣變差，也不是不幸運，而是因為你在不知不覺中過度追求「利潤」，而逐漸切換到不同的遊戲裡面。

所以，如果你要追求幸運，

1. 定義你要的結果。

2. 定義你不要的結果。

將結果寫下來。用概率決策，用數學公式逆推。自然不會有什麼不幸運的事。

# 第 10 章

# 使用複利與槓桿

如果要我認真挑選人人在大學畢業前都應該上的兩門課，我會不假思索推薦財務管理和風險管理。因為：

- 學會風險管理：你能逐漸釐清最終自己要什麼，並且越來越幸運。

- 學會財務管理：你能清晰掌握這一生的金錢命運流動，依此去設計人生中的每個決策，甚至開對槓桿，閃過大大小小的坑。

## ▋ 財務學是有關「未來」的學問

猶太人的財富為什麼能稱霸全球？因為這個民族從小教育孩子掌握未來的學問。而其他民族，只活在當下。

最顯著的差異就是管理金錢的概念，如「儲蓄」、「借貸」。

若要談華人最稱讚也最為自豪的美德，我認為就是儲蓄

了。這個習慣在華人價值觀裡面貫徹得很徹底,在華人界賣最好的保險也是「儲蓄險」。

「儲蓄」的好處是能抗風險。當你手上有現金,做事就能夠堅定,安心。但是也有壞處。如果你的觀念就是節儉,能省則省,買東西只講究 C/P 值,認為理財與儲蓄是能夠致富的唯一道路。

那麼很抱歉,你可能就跳進了一個你不想跳進的陷阱。變成金錢的奴隸,無法脫離用時間換錢的迴圈。

## ■ 儲蓄不會讓你更有錢,懂得花錢才會

聽到這句話,你可能會很震撼。但實際上這件事也沒那麼令人意外,在這世界上有人是透過講究 C/P 值、省錢儲蓄得到財務自由的嗎?

我想恐怕很少,而且就算有,也可能是到了五六十歲以後才達到。最終他得到的可能還不是財務自由,只是有兩三百萬的積蓄,至少不愁吃穿而已。

難道你不覺得奇怪,為什麼有些人在三四十歲就開始累積財富,而且越花越有錢?

因為他們懂得用「槓桿」。

「槓桿」這個詞在華人文化裡很少見，如果有，通常也是與「高風險」這樣的字眼掛勾。其實槓桿就藏在日常生活中，只是你沒有察覺。

## ▌ 我人生最正確的一個決策：用信用卡買 Aeron

日常生活中比較常見兩種槓桿，一種叫產品槓桿，一種叫金錢槓桿。

- 產品槓桿：好的產品、好的服務。

- 金錢槓桿：信用卡、貸款等等。

當年我還是程式設計大神時，有很多年輕的程式設計師問我，我人生最重要的一個決策是什麼？

他們可能期待我的回答是挑對了一間好公司，選對了一個好老闆，看了一本好書，上了一門好課。但我的回答很奇葩：「刷信用卡買了一張 Aeron 椅。」

我剛出社會的時候就很喜歡我的工作，也就是當程式設計師。但我一直遇上一個問題，家裡與公司的椅子不好坐，可能

一天沒上完八個小時，我就腰痠背痛，程式寫不下去了。假日就算在家裡想寫程式碼或看書，也是在椅子上坐一下就累了。

於是有個朋友推薦我使用神椅 Aeron。這把椅子據說是歐美技術新創公司的標準配備，每個員工都有一張，很多美劇裡面也都有這把椅子的蹤跡。這把椅子號稱坐了不會累，坐過以後也不會想再坐其他的椅子。

當初這把椅子要價 45000，而我當時的薪水才 42000。我實在太想要買這把椅子了，但是買不起。本來想刷信用卡然後慢慢還，可是卻發現，如果信用卡掛上這一把椅子，我就用不了信用卡了。

於是我做了一個大膽的決定，去申辦了一張新的信用卡，然後用 36 期分期買椅子。如此一來，每個月只需要還 1200 元左右而已。

就是這個決定改變了我的一生。買了 Aeron 之後，工作效率大增，甚至超過同齡人，所以加薪的速度非常快。還沒有到 12 個月，加薪的薪水就足夠讓我還清這張椅子的款項。而且還清之後，我又買了第二把，家裡和公司各放一張。

我閒暇的時候幾乎都坐在這張椅子上，連坐十幾小時不會累，技能累積的速度自然更快了。

我在這一招吃到了甜頭，以後都如法炮製。買電腦、進修也一樣，電腦只買當時最好的 Macbook Pro，並且願意花錢去上厲害老師的課。

為什麼呢？因為我理解到好的器具、好的課程，本身就是一個極佳的槓桿。

- 好器材讓你效率大增。

- 厲害的老師直接讓你少摸索很多年。

只用幾萬塊就可以買到人家花了幾百萬、幾千萬打造出來的效率，實在太值得了。

## ▌ 為什麼買器材不要追求 C/P 值？

我媽是個非常節儉的人，對於我「浪費」的金錢觀一直不以為然。她見到我竟然越花越有錢，也是目瞪口呆。

一般來說，我在購買器材上只有一個原則，我只買貴的、好的、實用的。為什麼呢？這要回到貨幣的原理。

為什麼省錢存錢不會致富？因為貨幣代表的是你付出勞動力所創造的價值，被儲存在一個單位裡。但這世界上有一種現象叫通膨，通膨會讓你的獲得的貨幣價值變小。

每個穩定國家的通膨率大概介於大於 1% 至 3% 之間，也就是剛好抵銷通膨。而我們認為儲蓄是「存」在銀行裡，銀行「不做任何使用」，每年派發給我們 1% 至 3% 的利息。

這是一般人的想像。真實的情況是，儲蓄等於銀行跟我們借錢，約定利率 1% 至 3%，再用每筆 3% 以上的利率借給其他人，賺取差價。如果你將錢存在銀行裡面，等於是不會產生任何膨脹效果。

所以你想要變得更有錢，就要主動拿錢去投資。

我講的並非是讓你去投資股票或是房地產，而是要說，最少你得**投資你自己**。要變得有錢，就要提高自己每分鐘能創造的現金能力。

一個人不會無緣無故擁有這種超能力，但是可以靠兩種方法讓自己變得更高效：

- 學習

- 買器材

器材本身是為特定服務打造成的產品，專門用來提升效率與時間。按照經濟原理，分成貴的與便宜的。理論上，不論是

買貴的器材還是便宜的器材，都能達到提升能力的效果。但是兩者中間存在一個隱藏的差異：

- 貴的器材在用完之後，能賣到二手市場。

- 便宜的器材用完賣不掉，甚至送不掉。

那就會產生一個很大的區別。如果你的器材在購買一年後賣得掉，而且能用八折賣，那等於你是用 20% 的價格付了使用費而已。你買的器材賣不掉，就是付了 100% 的使用費。

買便宜的器材，花完錢，錢就是不見了！無法把價值儲存在物品上。

從這樣的道理來看，其實最大的浪費就是買便宜貨，因為它不能再交易，甚至拿去送人，別人都不會收，連人情價值都不剩。

我在添購辦公室器材時，也幫同事買了 Aeron。理由是提升大家的工作效率，但是隱藏原因是 Aeron 很保值。買一張 Aeron 椅，用過多年後還能以六七折賣掉。相當於現金，隨時能套現。

# ■ 你不是把錢花掉，而是把現金轉換成資產

為什麼我們在添購設備上應該要買好設備呢？

在會計上，家具是固定資產，股票與現金是流動資產。但是如果你買貴、熱門、容易賣的器材產品，那麼它其實跟現金沒什麼兩樣。

從會計的觀念來看，我們用現金購買器材，資產實際上並沒有減少，而是你的現金資產被花掉了，你的固定資產增加了。這個想法與一般人以為錢花掉了就是不見了大相逕庭。

所以你的總資產在購買的當下完全沒有下降。什麼時候才會真正下降？會計上有所謂折舊攤提，比如說一個物品用五年後壽命就終結了，此時價值會下降歸零，也就等於一年貶值20%。

當資產對你不再有使用價值的時候，你有兩種選擇，一是扔了它，一是賣了它。當你賣不掉時，也只能扔了。

但如果你買的是「能流動」的「固定資產」，結果就完全不一樣了。所以，只要你的手頭現金足夠，就應該多買這些厲害的設備，因為這算是租賃借貸。而且你買了設備，享受了好處，當下可以創造出價值。

假設 A 和 B 是同性質的設備，A 要一萬元，B 要五千元。前者可賣，後者不可賣。前者可創造出五萬元的價值，後者能創造出兩萬元的價值。一年後，A 以原價八折 8000 元轉手賣出，B 卻賣不掉。這時候你想一下，買 B 是不是浪費錢？使用 A 一年後賣掉，等於只付了 2000，其實也就等於租來使用而已。

所以為什麼有錢人常常在買新工具，因為這會增加他的賺錢速度。而你卻認為他鋪張浪費。所以兩個南轅北折的用錢觀念，拉深了兩者的財富累積速度。

## ▌ 適度槓桿能讓你超越時間維度

既然買 Aeron 是一個正確的選擇，為什麼還要加上用「信用卡」買呢？因為 一把 Aeron 椅要價 45000，我當時的月薪只有 42000。如果我要存錢買 Aeron，以一個合理的存錢速度，我一個月要存 5000，連存 9 個月才買得起。

要我在現實生活中省吃儉用省出 5000 元，我得放棄很多事情，包括去上課、買書讓自己成長，時間長達 9 個月，等於抑制了 9 個月的成長值。

如果用信用卡分 36 期去買這張椅子，就完全不用改變生活方式。這筆錢是我「向未來借來的」，我用「向未來借的錢」

買了「現在的器材」，賺了「更多現在的錢」，又還了「未來的錢」，剩下更多「未來的錢」。

不到一年內我就獲得加薪，甚至可以輕鬆買下兩張 Aeron 椅。

這並不是一個月薪 42000 的程式設計師能做到的事，但是我用了這個槓桿方法，輕輕鬆鬆在一兩年後拿到月薪 70000 的工作。

在華人的概念裡，儲蓄是美德，借貸是萬惡。但我覺得借貸其實要看你買哪些東西，如果你是借錢或存錢去旅行享受，這項決定很可能不能幫你創造出什麼價值。這樣的借錢槓桿行為，實際上會直接消耗你的未來的現金。

但如果是刷信用卡去買 Aeron 這種可以幫你提升效率的神器，不用一年，你的效率就能增長 3 到 5 倍，薪水也能倍數增長。用未來的錢，幫你創造當下的增長。

花錢大家都會，但你要學會怎麼花錢能製造效益。

你不懂花錢，甚至只會存錢，買便宜貨，你只會越來越窮。有錢人懂花錢，越花越有錢。

怎麼改變？學習基本財務觀念，擁有借貸、租賃、複利的概念，你就能夠超越時間累積資產與能力。這個概念不僅適用於金融，也適用於職場與商務決策。

# 第 11 章

# 如何在數學上財務自由

前面我們提到了概率、槓桿、設立目標的重要性。終章我想改談複利。複利的可怕，遠超一般人想像。

很久以前，我的朋友就很羨慕我能夠做自己喜歡的事，又可以賺到錢，最後還達到財務自由。

但是我想說，其實從數學的推理上來看，你就是應該做自己喜歡做的事，否則無法財務自由。

我的看法是這樣的：

- 你不可能做你不喜歡的事，然後財務自由。
- 就算有個財務自由公式，也有最低薪資的門檻。

## ▋ 做自己喜歡做的事，才能財務自由

因為每個人每天都有 24 小時，如果你不喜歡自己從事的工

作，沒有動力做好，就等於每天以極低的轉換效率賤賣你的時間。

如果你不喜歡你的工作，我建議你馬上辭掉，因為假設你從 22 歲工作到 62 歲。做著自己厭惡的工作，等同於以非常低的價格賤賣掉這 40 年的時間。

個人財富的公式是：

你個人的財富＝技能價值 x 銷售數

- 技能價值：解決這一件事的市場價

- 銷售數：可以幫多少人解決問題

如果要靠著事業變得更有錢，你有兩個方向：提高技能價值、提高銷售數。

## ▌ 提高技能價值

提高價值的關鍵，我認為在於提升技能熟練度，你解決問題的技能比同行快上 10 倍、100 倍，就會獲得超額利潤。

我有個大家覺得奇怪的癖好，就是每學會一項技能會反覆練習，直到執行這項技能的速度達到原先的 10 倍，100 倍，1000 倍。

乍聽之下是不可能達到的速度。但是讓我拆解給你聽，你就不會覺得這是個誇張的倍數。

　　我當年學習 Growth Hack 的技術，一開始先學會做登陸頁面 Landing Page，做一頁要花一個月的時間。我發現這樣不行，所以回家做練習。做出第二個登陸頁面只花了我兩周的時間，做第三個的時候，只花了我兩天，做出第四個，我只用掉兩小時。

30 x 24 / 2 = 360

　　我的效率提升了 360 倍。

　　我當年寫第一本書《Growth Hack 這樣做》，足足熬了六個月才寫出來。寫第二本書《閃電式開發》只花了一個月，寫第三本書《打造超人大腦》花了一周的時間，第四本書《遠距工作這樣做》時只花了我一天的時間（不要覺得這很扯，其實有方法）。

180 / 1 = 180

　　只要是我有興趣的領域，我就會一直不停地練習。

　　別覺得速度提高數十倍太誇張，很多時候只是調換順序，重用過去的模版，就能提升十倍以上的效率。

而且這件事不用是天才也可以做到。

我之前做過培訓業，訓練過不少學生，過程中發現，是否學會一項技能，關鍵在於你練習幾遍。而且根據我的調查，學習者中只有十分之一的人會去練習一遍，在這十分之一人之中，又只有十分之一會去練習第二遍。同理可推，會去練習第三遍的人，也只占十分之一。

要贏過一千個人，並且做事有百倍效率其實非常簡單，你只要同一件事情練三遍。

## ■ 提高銷售數

無法財務自由，是因為同時間能服務的人有限。單賣時間無法財務自由，因為只要停止服務，財富累積也就跟著停止了。

單賣時間是指：

- 上班

- 接案

- 教授線下課程

為了不讓自己的時間被單賣，相對好的策略是將自己產品化，把自己的時間產出做成可以穿越時間、空間的產品，比如

課程、線上服務，一次可以對應上百、上千個購買者。但是如果你對眼前的工作完全沒有熱情與動力，你是萬萬提不起勁去做的。

## ■ 達到財務自由需要多少起薪？

很多人覺得財務自由遙不可及，但是這件事，其實也可以數學化。

巴菲特成為首富的祕密在於複利，但是許多人並不知道槓桿複利的威力有多大。巴菲特用價值投資策略，50 年滾出了9100 倍的財富，資產達數百億美金。但是因為數字太大，一般人對這個數字實在無感，所以壓根覺得巴菲特的方法用在自己身上無效。

因為

- 覺得自己我沒有巴菲特那樣的身家背景。

- 覺得自己沒有 50 年可以實驗價值投資。

巴菲特的方法真沒效嗎？讓我講一個讓你有感的例子吧。

我有一個妹妹，她有兩個小孩，想要讓小孩受較好的大學教育。於是她問我一個月要準備多少錢？

我用複利公式去算了一下，養一個小孩到 18 歲，還要讓小孩受比較好的大學教育，假設成本要 600 萬至 700 萬台幣。如果投資茅台股（ROE 20%），以茅台股每年 20% 的收益複利滾下去，每年要投資多少錢？

我發現竟然是每年 5 萬。

$50000 \times (1.2)^{18}$

$+ 50000 \times (1.2)^{17}$

$+ 50000 \times (1.2)^{16}$

$+ 50000 \times (1.2)^{15}$

$+ 50000 \times (1.2)^{14}$

$+ 50000 \times (1.2)^{13}$

$+ 50000 \times (1.2)^{12}$

$+ 50000 \times (1.2)^{11}$

$+ 50000 \times (1.2)^{10}$

$+ 50000 \times (1.2)^{9}$

$+ 50000 \times (1.2)^{8}$

$+ 50000 \times (1.2)^{7}$

$$+\ 50000 \times (1.2)^6$$

$$+\ 50000 \times (1.2)^5$$

$$+\ 50000 \times (1.2)^4$$

$$+\ 50000 \times (1.2)^3$$

$$+\ 50000 \times (1.2)^2$$

$$+\ 50000 \times (1.2)^1$$

$$= 7686999.98426557$$

每當我講解複利的概念時，很多朋友都會震驚於這個答案竟然是 5 萬。每個有小孩的家庭都為小孩的教育費與準備金傷神。但萬萬想不到自己保的「儲蓄險」甚至都遠高於這個數目。

這還不是更震撼的，如果把題目改一下：你想要在 20 年後財務自由退休（資產 6000 萬），以相同的概念投資茅台股，每年需要投資多少？

每次我問人家這個問題時，很多人都會回答 200 萬。但事實上需要的數字遠比你想像中的少。

其實只要 27 萬。

$$270000 \times (1.2)^{20}$$

$$+ \ 270000 \times (1.2)^{19}$$

$$+ \ 270000 \times (1.2)^{18}$$

$$+ \ 270000 \times (1.2)^{17}$$

$$+ \ 270000 \times (1.2)^{16}$$

$$+ \ 270000 \times (1.2)^{15}$$

$$+ \ 270000 \times (1.2)^{14}$$

$$+ \ 270000 \times (1.2)^{13}$$

$$+ \ 270000 \times (1.2)^{12}$$

$$+ \ 270000 \times (1.2)^{11}$$

$$+ \ 270000 \times (1.2)^{10}$$

$$+ \ 270000 \times (1.2)^{9}$$

$$+ \ 270000 \times (1.2)^{8}$$

$$+ \ 270000 \times (1.2)^{7}$$

$$+ \ 270000 \times (1.2)^{6}$$

$$+ \ 270000 \times (1.2)^{5}$$

$+\ 270000\ \mathrm{x}\ (\,1.2\,)^{\,4}$

$+\ 270000\ \mathrm{x}\ (\,1.2\,)^{\,3}$

$+\ 270000\ \mathrm{x}\ (\,1.2\,)^{\,2}$

$+\ 270000\ \mathrm{x}\ (\,1.2\,)^{\,1}$

---

$=\ 60486911.877649054$

等於一個月要投資 2.25 萬。

（相同股票概念你可以換成微軟或台積電）

一個人的個月的薪水要達到多少水平，才捨得每個月投資 2.25 萬元買股票？我認為月薪 15 萬以上應該足夠。

月薪 15 萬以上會很困難嗎？我相信應該就相對來說不那麼困難。

那麼對於財務自由這個目標來說，你只剩下兩件事要做：

1. 找到值得長期投資 20 年，ROE 20% 以上的股票。

2. 努力讓自己的工作價值每個月在 15 萬台幣以上，每個月可以投資 2.25 萬在能夠每年複利 20% 的股票上。

# ■ 如何讓自己月薪達到 15 萬以上

講到月薪 15 萬。一般人可能還是會覺得這個數字站著說話不腰疼。

但這個數字，還是有攻略可以破解的。

如果我們將自己視為一間公司在經營。

前面我們提到財富＝技能價值 x 銷售數，這個公式還可以再拆下去：

財富＝技能價值 x 單位時間銷售數 x 穿越空間時間的槓桿

所以具體來說，提升自己收入的方法可以分成三種：

- 方法一、提高自己的價值。
- 方法二、提供自己的服務效率。
- 方法三、使用槓桿，穿越時間空間。

## 方法一、提高自己的單位價值

要提高自己的單位價值，最快的方法是提升自己的技能核心熟練度。當別人要花一個禮拜解決的問題，你要熟練到用 10 分鐘就能解決。如果你是個上班族，你的價值一個月就可以提

升好幾萬。

提升技能熟練度除了能提高你的價值外，你更有機會去服務那些「問題價值更高的族群」。

- 如果你在 A 公司服務，解 A 價值每年價值 100,000 元。

- 但是如果你是頂尖的經理人，換到 B 公司服務，可能同樣的技能組就價值 1,000,000 元。

同樣的技能組，不同的熟練度，去不同規模的公司，服務不同人的人群，也會隨之提高。

## 方法二、提供自己的服務效率

人一輩子上班的時間只有 40 年（從 20 歲到 60 歲）。用自己的時間去服務，其實份數有限，你只能賣 40 x 12 ＝ 480 個月。

所以下一個問題是，如何可以賣出 4800 個月、48000 個月的價值？

把自己的服務「產品化」，變成 SOP、書、課、產品服務，就有機會服務到更多人。

## 方法三、開槓桿

這時代有兩個職業很受歡迎。

1. 程式設計師

2. YouTuber、Podcaster、Blogger

為什麼他們可以高薪呢？因為這兩種都是槓桿工作。程式設計師可以讓你做一件事比原本快 100、1000、10000 倍，而 YouTuber、Podcaster、Blogger 可以把內容傳播給 100、1000、10000 倍的人看。

在傳統上，我們只有一種槓桿可以用，就是管理（人力槓桿）。升任為管理者，月薪較高，但是管理的槓桿非常難精通。

## ▌ 薪水也可以做到複利增長嗎？

談到投資，大家往往盯著股票，彷彿股票才是值得投資的標的。大家投資了股票，卻忘了要投資自己。平心而論，你自己才是最值得投資的標的。

1. 出社會幾年，薪資應該有機會連續翻倍，但是很多上市公司並沒有這樣的機會。

2. 你完全瞭解自己的優勢、劣勢，比分析上市公司報表來

得透徹。

讓我們再計算一下，假設你現在 35 歲，距離退休還有 30 年，需要準備的退休金是 6000 萬。其實只要從現在開始每年年薪 200 萬，連續 30 年就能達成。

6000 萬／ 30 年＝ 200 萬

當然，你會覺得不可能連續 30 年都有 200 萬的薪資。那麼就假設我們接下來可能只有 20 年可以賺錢。

6000 萬／ 20 年＝ 300 萬

那麼我們的目標年薪就是 300 萬，約等於月薪 30 萬。

我們可以開始思考，做什麼工作的月薪可以 30 萬。

你可以有幾個方法：

- 攀上職涯頂層：月薪 30 萬至 50 萬

- 進入一個快速成長的公司：月薪 10 萬至 15 萬＋公司股票獎金

- 將自己產品化，投放到一個平台，解決多人的問題：

  ○ 解決 30 個人的問題，1 個人收 1 萬。

  ○ 解決 300 個人的問題，1 個人收 1 千。

○ 解決 3000 個人的問題，1 個人收 100。

## ▌ 月薪 30 萬不是不可能

　　成為一個月薪 30 萬的上班族並不是不可能的事。事實上我的月薪從 3.5 萬 → 7 萬 → 14 萬 → 30 萬，只花了 6 到 8 年的時間。我只用了以下兩個訣竅：

### 1. 追求提升 1000 倍的效率

　　每一件需要重複的事，再做下一次時我都追求增加十倍的效率。最快的時候可以加百倍、千倍。我第一次做登陸頁面時，整個公司要做 30 天。後來我再做一次，時間縮短為 2 周，再來是 2 天，最後可以快到只要 2 小時就可以做完。我第一次寫書時花了幾個月的時間，後來變一個月，反覆練習後，寫一本書只需要一周，後來變成一天寫出一本書。當你的做事效率比常人多出非常多倍時，加薪基本上是絕對的。

### 2. 將薪水投資在自己的增長上

　　我的薪水從兩年兩倍演變為八年八倍，倒算回來是每年有 40% 的增長。說起來很驚人，其實一點都不難。如果論我的能

力，每年有 40% 的增長嗎？一定有。那為什麼薪水不能有 40% 以上的增長呢？

如何讓能力達到 40% 以上的增長？就是投資自己。我每年幾乎花上一兩個月的薪水在投資自己去學習。

多年前，戴勝益曾經有句名言：「月薪五萬以下不應該存錢。」這句話引起很大的爭議。我認為這句話沒有錯，只是很少人願意認真去算一算數學而已。

我們再來跑個數學模型。如果你每年都花一個月的月薪去上課，提升自己的能力，提升 20% 的月薪，多少年可以達到月薪 30 萬？

第 0 年月薪 35000，年薪 42 萬，來年加薪 20%

第 1 年月薪 42000，年薪 50.4 萬，來年加薪 20%，薪水比去年增加 8.4 萬

第 2 年月薪 50400，年薪 60.48 萬，來年加薪 20%，薪水比去年增加 10.08 萬

第 3 年月薪 60480，年薪 72.58 萬，來年加薪 20%，薪水比去年增加 12.1 萬

第 4 年月薪 72576，年薪 87.09 萬，來年加薪 20%，薪水

比去年增加 14.51 萬

第 5 年月薪 87091.2，年薪 104.51 萬，來年加薪 20%，薪水比去年增加 17.42 萬

第 6 年月薪 104509.44，年薪 125.41 萬，來年加薪 20%，薪水比去年增加 20.9 萬

第 7 年月薪 125411.33，年薪 150.49 萬，來年加薪 20%，薪水比去年增加 25.08 萬

第 8 年月薪 150493.59，年薪 180.59 萬，來年加薪 20%，薪水比去年增加 30.1 萬

第 9 年月薪 180592.31，年薪 216.71 萬，來年加薪 20%，薪水比去年增加 36.12 萬

第 10 年 月 薪 216710.77， 年 薪 260.05 萬， 來 年 加 薪 20%，薪水比去年增加 43.34 萬

第 11 年 月 薪 260052.93， 年 薪 312.06 萬， 來 年 加 薪 20%，薪水比去年增加 52.01 萬

第 12 年 月 薪 312063.52， 年 薪 374.48 萬， 來 年 加 薪 20%，薪水比去年增加 62.41 萬

答案是 12 年。而第 12 年的年薪甚至比第 0 年多了 332 萬。

很多父母以為讓小孩留住錢的方法是存錢，事實上存錢一點都不可能讓儲蓄增長。真正能夠富有的方法，只有投資自己，但是很少人能認真清楚地去算這一筆帳。

只要懂得用數學超越時間軸倒回來推算，你會發現很多的人生目標都不再困難。

# 結語

你可能發現我這本書好像都在談「歷史」、「數學」、「統計學」。

是的。我其實很喜歡《統計與真理：怎樣運用偶然性》裡的這一段話，正適合用來總結這本書裡談的內容：

- 在終極的分析中，一切知識都是歷史。

- 在抽象的意義下，一切科學都是數學。

- 在理性的基礎上，所有的判斷都是統計學。

我們談了很多不同領域的問題和解題思維，但是本質上脫不開歷史、數學、統計學三大主題。

人生很多難題，我們站在一維視角看，然後用暴力的方式匹配過去與周遭的經歷，所以找不到答案。

當你換到二維視角，或是將問題切碎到微小的原子單位

時，就可以看到很多問題的答案根本就躺在那裡。

數學不只能讓你轉換角度，更可以帶你穿越時空，找到歷史裡面的終極答案。

如果你不確定要如何對未來下決定，統計學可以能帶你從歷史中找到未來的正確決定。

寫這本書對我來說並不容易，原稿至少重寫了三四遍，最後決定將整本書分為三大章節。第一部講的是過去，也就是講歷史，如何透過歷史累積資料庫。第二部講的是現在，我介紹了視角轉換與公式分解，遇到問題你可以用數學解題的思維：

- 反著解

- 切碎重組

- 跨界匹配

第三部講的是未來，我介紹了

- 如何運用概率去做未知的決策。

- 使用槓桿，用未來的資源解決現在的問題。

- 使用數學公式，用複利角度從未來倒過來看現今的決策。

希望這本書能夠對你有所啟發，大幅升級自己的大腦算

法。我們的出廠智商雖然只有 100。但只要改變演算法，真的有機會跑出 1000 以上的結果。

## ▌ 如何使用本書解決生活中的難題？

### STEP 1：寫下你遇到的問題與流程

遇到問題，不要急著在腦子裡面想，而是馬上將問題寫下來，就算是抱怨也行。一旦將問題寫下來，你就有機會在紙上坐初步的解題。

比如說，「打造一個高產量高品質的粉絲團」。當你把這行字寫下來，就能開始慢慢解構問題了。

什麼是「高產量」？什麼是「高品質」？把這些問題實際量化。

你可以一個一個拆分，把問題拆到你能解決的程度。

然後重新組裝得到的答案，調換順序。

### STEP 2：固定邊界維度

反著解的題目通常適用於多維問題。比如說，我只有有限

的時間、金錢、人力，我們可以將結果固定下來，時間節點固定下來。

那麼剩下的條件就是可以調整的，甚至是可以忽略的。

## STEP 3：用大資料找到邊界與形狀

有時候我們連問題的形狀與問題的要素都不清楚。

那麼你可以做的事就是把所有的問題全部寫在紙上，然後開始分類。一旦能夠分類，就能夠產生邊界。一旦有邊界，就能找出結構。一旦找到結構，就一定可以在某些地方找到類似可用的解決方法。

就像玩拼圖你會先拼出邊緣以及顏色相近的區塊，對吧？

## STEP 4：換個角度看，旋轉著看

當你發現，咦，這個解法太短（比如說這個領域太新，沒有參考案例），或是看不懂（比如說 Netflix 的拍片操作），有可能是在你所看的這個象限裡解釋不通。

你可以先拆碎元素，再去找看看其他領域有沒有類似的結構與邏輯，可能可以找到一套非常完整的答案，還能突破原先

領域的知識上限。

## STEP 5：實在不行，就賭一把

有時候做決策有時間上的急迫性，沒有時間切了問題，再轉來轉去看。這時候可以考慮賭一賭概率。

賭概率最重要的核心原則是忘掉「我相信」這件事情，並把所有可能的選項統統列出來。

一般人急了，往往會把「我相信」的機率拉得很高。（比如說在颱風天還堅信飛機會繼續飛，經濟重創初期時還盲目相信自己能抄到底。）

## STEP 6：把視角拉遠了看，切到其他模型裡運作

有時候我們無法做出決定，是因為我們距離問題太近，反而找不到答案。比如說應不應該讀大學、應不應該買房、應不應該畢業就開始選錢多事少離家近的 NPC 工作、應不應該換公司。

當你拉遠了看，轉換角度看，比如說把以上問題切到魔獸世界的角色營運看看。你會發現，自己認為的「唯一選項」（社會給你的壓力）根本都不能算是「品質好的選項」。

遊戲本身是簡化的世界。當你轉到遊戲世界，去掉人情壓力等吸走注意力的元素，你會發現原來更好的選項多的是。

## STEP 7：超越時間去做決策

有時候，我們的視角被鎖在現在，所以只能做「現在」的決定。

你可以思考的是，問題能不能反過來看？以未來的角度去做決定，用未來的資源做為現在的動力？

這七招，相信有辦法幫你破解人生中至少 95% 以上的難題。

國家圖書館出版品預行編目資料

打造超人思維：智商如何從100提升到1000/xdite 鄭伊廷著. -- 初版.
-- 臺北市：商周出版：英屬蓋曼群島商家庭傳媒股份有限公司城
邦分公司發行, 2020.12
面；　公分. -- (Live & Learn ; 75)

ISBN 978-986-477-968-0 (平裝)

1.思考 2.成功法 3.學習方法

176.4　　　　　　　　　　　　　　　　109020070

# 打造超人思維——智商如何從 100 提升到 1000

作　　　者／xdite 鄭伊廷
責 任 編 輯／余筱嵐

版　　　權／江欣瑜、吳亭儀
行 銷 業 務／林秀津、周佑潔、林詩富
總　 編　 輯／程鳳儀
總　 經　 理／彭之琬
事業群總經理／黃淑貞
發　 行　 人／何飛鵬
法 律 顧 問／元禾法律事務所　王子文律師
出　　　版／商周出版
　　　　　　115 台北市南港區昆陽街 16 號 4 樓
　　　　　　電話：(02) 25007008　傳真：(02)25007579
　　　　　　E-mail：bwp.service@cite.com.tw
　　　　　　Blog：http://bwp25007008.pixnet.net/blog
發　　　行／英屬蓋曼群島商家庭傳媒股份有限公司 城邦分公司
　　　　　　115 台北市南港區昆陽街 16 號 8 樓
　　　　　　書虫客服服務專線：02-25007718；25007719
　　　　　　服務時間：週一至週五上午 09:30-12:00；下午 13:30-17:00
　　　　　　24 小時傳真專線：02-25001990；25001991
　　　　　　劃撥帳號：19863813；戶名：書虫股份有限公司
　　　　　　讀者服務信箱：service@readingclub.com.tw
　　　　　　城邦讀書花園：www.cite.com.tw
香港發行所／城邦（香港）出版集團有限公司
　　　　　　香港九龍土瓜灣土瓜灣道 86 號順聯工業大廈 6 樓 A 室；E-mail：hkcite@biznetvigator.com
　　　　　　電話：(852) 25086231　傳真：(852) 25789337
馬新發行所／城邦（馬新）出版集團 Cite (M) Sdn. Bhd.
　　　　　　41, Jalan Radin Anum, Bandar Baru Sri Petaling, 57000 Kuala Lumpur, Malaysia.
　　　　　　Tel: (603) 90578822　Fax: (603) 90576622　Email: services@cite.my

封 面 設 計／李東記
製　　　圖／張瀅渝
排　　　版／極翔企業有限公司
印　　　刷／韋懋實業有限公司
總　 經　 銷／聯合發行股份有限公司
　　　　　　電話：(02)2917-8022　傳真：(02)2911-0053
　　　　　　地址：新北市 231 新店區寶橋路 235 巷 6 弄 6 號 2 樓

■ 2020 年 12 月 24 日初版　　　　　　　　　　　Printed in Taiwan
■ 2024 年 06 月 13 日初版 3.6 刷
定價 320 元

城邦讀書花園
www.cite.com.tw

商周出版

| 廣 告 回 函 |
| --- |
| 北區郵政管理登記證 |
| 北臺字第000791號 |
| 郵資已付，免貼郵票 |

115　台北市南港區昆陽街 16 號 5 樓

英屬蓋曼群島商家庭傳媒股份有限公司城邦分公司　收

- - - - - - - - - - - - - - - - - - - - - - - - - - - - - - - - - - - - - - - - - - - - - -

請沿虛線對摺，謝謝！

| 書號：BH6075 | 書名：打造超人思維 | 編碼： |
| --- | --- | --- |

# 讀者回函卡

感謝您購買我們出版的書籍！請費心填寫此回函
卡，我們將不定期寄上城邦集團最新的出版訊息。

不定期好禮相贈！
立即加入：商周出版
Facebook 粉絲團

姓名：＿＿＿＿＿＿＿＿＿＿＿＿＿＿＿＿＿＿＿ 性別：□男　□女

生日：西元＿＿＿＿＿＿＿年＿＿＿＿＿＿月＿＿＿＿＿＿日

地址：＿＿＿＿＿＿＿＿＿＿＿＿＿＿＿＿＿＿＿＿＿＿＿＿

聯絡電話：＿＿＿＿＿＿＿＿＿＿＿ 傳真：＿＿＿＿＿＿＿＿＿

E-mail：

學歷：□ 1. 小學 □ 2. 國中 □ 3. 高中 □ 4. 大學 □ 5. 研究所以上

職業：□ 1. 學生 □ 2. 軍公教 □ 3. 服務 □ 4. 金融 □ 5. 製造 □ 6. 資訊

　　　□ 7. 傳播 □ 8. 自由業 □ 9. 農漁牧 □ 10. 家管 □ 11. 退休

　　　□ 12. 其他＿＿＿＿＿＿＿＿＿＿＿＿＿＿＿＿＿＿＿＿＿＿

您從何種方式得知本書消息？

　　　□ 1. 書店 □ 2. 網路 □ 3. 報紙 □ 4. 雜誌 □ 5. 廣播 □ 6. 電視

　　　□ 7. 親友推薦 □ 8. 其他＿＿＿＿＿＿＿＿＿＿＿＿＿＿＿

您通常以何種方式購書？

　　　□ 1. 書店 □ 2. 網路 □ 3. 傳真訂購 □ 4. 郵局劃撥 □ 5. 其他＿＿＿＿

您喜歡閱讀那些類別的書籍？

　　　□ 1. 財經商業 □ 2. 自然科學 □ 3. 歷史 □ 4. 法律 □ 5. 文學

　　　□ 6. 休閒旅遊 □ 7. 小說 □ 8. 人物傳記 □ 9. 生活、勵志 □ 10. 其他

對我們的建議：＿＿＿＿＿＿＿＿＿＿＿＿＿＿＿＿＿＿＿＿＿

　　　　　　　＿＿＿＿＿＿＿＿＿＿＿＿＿＿＿＿＿＿＿＿＿＿＿＿＿

　　　　　　　＿＿＿＿＿＿＿＿＿＿＿＿＿＿＿＿＿＿＿＿＿＿＿＿＿